I0177308

BIRMANISCH

WORTSCHATZ

DEUTSCH BIRMANISCH

Die nützlichsten Wörter
Zur Erweiterung Ihres Wortschatzes und
Verbesserung der Sprachfertigkeit

3000 Wörter

Wortschatz Deutsch-Birmanisch für das Selbststudium - 3000 Wörter
Von Andrey Taranov

T&P Books Vokabelbücher sind dafür vorgesehen, beim Lernen einer Fremdsprache zu helfen, Wörter zu memorieren und zu wiederholen. Das Wörterbuch ist nach Themen aufgeteilt und deckt alle wichtigen Bereiche des täglichen Lebens, Berufs, Wissenschaft, Kultur etc. ab.

Durch das Benutzen der themenbezogenen T&P Books ergeben sich folgende Vorteile für den Lernprozess:

- Sachgemäß geordnete Informationen bestimmen den späteren Erfolg auf den darauffolgenden Stufen der Memorisierung
- Die Verfügbarkeit von Wörtern, die sich aus der gleichen Wurzel ableiten lassen, erlaubt die Memorisierung von Worteinheiten (mehr als bei einzeln stehenden Wörtern)
- Kleine Worteinheiten unterstützen den Aufbauprozess von assoziativen Verbindungen für die Festigung des Wortschatzes
- Die Kenntnis der Sprache kann aufgrund der Anzahl der gelernten Wörter eingeschätzt werden

T&P Books Publishing
www.tpbooks.com

ISBN: 978-1-83955-060-7

Dieses Buch ist auch im E-Book Format erhältlich.
Besuchen Sie uns auch auf www.tpbooks.com oder auf einer der bedeutenden Buchhandlungen online.

WORTSCHATZ DEUTSCH-BIRMANISCH
für das Selbststudium

Die Vokabelbücher von T&P Books sind dafür vorgesehen, Ihnen beim Lernen einer Fremdsprache zu helfen, Wörter zu memorieren und zu wiederholen. Der Wortschatz enthält über 3000 häufig gebrauchte, thematisch geordnete Wörter.

- Der Wortschatz enthält die am häufigsten benutzten Wörter
- Eignet sich als Ergänzung zu jedem Sprachkurs
- Erfüllt die Bedürfnisse von Anfängern und fortgeschrittenen Lernenden von Fremdsprachen
- Praktisch für den täglichen Gebrauch, zur Wiederholung und um sich selbst zu testen
- Ermöglicht es, Ihren Wortschatz einzuschätzen

Besondere Merkmale des Wortschatzes:

- Wörter sind entsprechend ihrer Bedeutung und nicht alphabetisch organisiert
- Wörter werden in drei Spalten präsentiert, um das Wiederholen und den Selbstüberprüfungsprozess zu erleichtern
- Wortgruppen werden in kleinere Einheiten aufgespalten, um den Lernprozess zu fördern
- Der Wortschatz bietet eine praktische und einfache Lautschrift jedes Wortes der Fremdsprache

Der Wortschatz hat 101 Themen, einschließlich:

Grundbegriffe, Zahlen, Farben, Monate, Jahreszeiten, Maßeinheiten, Kleidung und Accessoires, Essen und Ernährung, Restaurant, Familienangehörige, Verwandte, Charaktereigenschaften, Empfindungen, Gefühle, Krankheiten, Großstadt, Kleinstadt, Sehenswürdigkeiten, Einkaufen, Geld, Haus, Zuhause, Büro, Import & Export, Marketing, Arbeitssuche, Sport, Ausbildung, Computer, Internet, Werkzeug, Natur, Länder, Nationalitäten und vieles mehr...

INHALT

LEITFADEN FÜR DIE AUSSPRACHE

Anmerkungen

MLC Transcription System (MLCTS) wird in diesem Buch als Transkription verwendet.
Eine Beschreibung dieses Systems finden Sie hier:
https://en.wiktionary.org/wiki/Wiktionary:Burmese_transliteration
https://en.wikipedia.org/wiki/MLC_Transcription_System

ABKÜRZUNGEN
die im Vokabular verwendet werden

Deutsch. Abkürzungen

Adj	-	Adjektiv
Adv	-	Adverb
Amtsspr.	-	Amtssprache
f	-	Femininum
f, n	-	Femininum, Neutrum
Fem.	-	Femininum
m	-	Maskulinum
m, f	-	Maskulinum, Femininum
m, n	-	Maskulinum, Neutrum
Mask.	-	Maskulinum
n	-	Neutrum
pl	-	Plural
Sg.	-	Singular
ugs.	-	umgangssprachlich
unzähl.	-	unzählbar
usw.	-	und so weiter
v mod	-	Modalverb
vi	-	intransitives Verb
vi, vt	-	intransitives, transitives Verb
vt	-	transitives Verb
zähl.	-	zählbar
z.B.	-	zum Beispiel

GRUNDBEGRIFFE

ich	ကျွန်	kjunou'
du	သင်	thin

er	သူ	thu
sie	သူမ	thu ma.
es	၎င်း	jin:

wir	ကျွန်ုပ်တို့	kjunou' tou.
wir (Mask.)	ကျွန်တော်တို့	kjun do. dou.
wir (Fem.)	ကျွန်မတို့	kjun ma. tou.
ihr	သင်တို့	thin dou.
Sie (Sg.)	သင်	thin
Sie (pl)	သင်တို့	thin dou.

sie (Mask.)	သူတို့	thu dou.
sie (Fem.)	သူမတို့	thu ma. dou.

2. Grüße. Begrüßungen

Hallo! (ugs.)	မင်္ဂလာပါ	min ga. la ba
Hallo! (Amtsspr.)	မင်္ဂလာပါ	min ga. la ba
Guten Morgen!	မင်္ဂလာနံနက်ခင်းပါ	min ga, la nan ne' gin: ba
Guten Tag!	မင်္ဂလာနေ့လယ်ခင်းပါ	min ga. la nei. le gin: ba
Guten Abend!	မင်္ဂလာညနေခင်းပါ	min ga. la nja nei gin: ba

grüßen (vi, vt)	နှုတ်ဆက်သည်	hnou' hsei' te
Hallo! (ugs.)	ဟိုင်း	hain:
Gruß (m)	ဟလို	ha. lou
begrüßen (vt)	နှုတ်ဆက်သည်	hnou' hsei' te
Wie geht's?	နေကောင်းလား	nei gaun: la:
Wie geht es Ihnen?	နေကောင်းပါသလား	nei gaun: ba dha la:
Wie geht's dir?	အဆင်ပြေလား	ahsin bjei la:
Was gibt es Neues?	ဘာထူးသေးလဲ	ba du: dei: le:

Auf Wiedersehen!	နောက်မှတွေ့ကြမယ်	nau' hma. dwei. gja. me
Auf Wiedersehen!	ဂွတ်ဘိုင်	gu' bain
Wiedersehen! Tschüs!	တာ့တာ	ta. da
Bis bald!	မကြာခင်ပြန်ဆုံကြမယ်	ma gja. gin bjan zoun gja. me
Lebe wohl!	နှုတ်ဆက်ပါတယ်	hnou' hsei' pa de
Leben Sie wohl!	နှုတ်ဆက်ပါတယ်	hnou' hsei' pa de
sich verabschieden	နှုတ်ဆက်သည်	hnou' hsei' te
Tschüs!	တာ့တာ	ta. da
Danke!	ကျေးဇူးတင်ပါတယ်	kjei: zu: din ba de
Dankeschön!	ကျေးဇူးအများကြီးတင်ပါတယ်	kjei: zu: amja: kji: din ba de

Bitte (Antwort)	ရပါတယ်	ja. ba de
Keine Ursache.	ကိစ္စမရှိပါဘူး	kei. sa ma. shi. ba bu:
Nichts zu danken.	ရပါတယ်	ja. ba de
Entschuldigen Sie!	ကျေးဇူးပြုပါ၊ခွင့်ပြုပါ	kjei: zu: pju. ba/ khwin bju ba
Entschuldige!	ဆောရီးနော်	hso: ji: no:
Entschuldigung!	တောင်းပန်ပါတယ်	thaun: ban ba de
entschuldigen (vt)	ခွင့်လွှတ်သည်	khwin. hlu' te
sich entschuldigen	တောင်းပန်သည်	thaun: ban de
Verzeihung!	တောင်းပန်ပါတယ်	thaun: ban ba de
Es tut mir leid!	ခွင့်လွှတ်ပါ	khwin. hlu' pa
verzeihen (vt)	ခွင့်လွှတ်သည်	khwin. hlu' te
Das macht nichts!	ကိစ္စမရှိပါဘူး	kei. sa ma. shi. ba bu:
bitte (Die Rechnung, ~!)	ကျေးဇူးပြု၍	kjei: zu: pju. i.
Nicht vergessen!	မမေ့ပါနဲ့	ma. mei. ba ne.
Natürlich!	ရတာပေါ့	ja. da bo.
Natürlich nicht!	မဟုတ်တာသေချာတယ်	ma hou' ta dhei gja de
Gut! Okay!	သဘောတူတယ်	dhabo: tu de
Es ist genug!	တော်ပြီ	to bji

3. Fragen

Wer?	ဘယ်သူလဲ	be dhu le:
Was?	ဘာလဲ	ba le:
Wo?	ဘယ်မှာလဲ	be hma le:
Wohin?	ဘယ်ကိုလဲ	be gou le:
Woher?	ဘယ်ကလဲ	be ga. le:
Wann?	ဘယ်တော့လဲ	be do. le:
Wozu?	ဘာအတွက်လဲ	ba atwe' le:
Warum?	ဘာကြောင့်လဲ	ba gjaun. le:
Wofür?	ဘာအတွက်လဲ	ba atwe' le:
Wie?	ဘယ်လိုလဲ	be lau le:
Welcher?	ဘယ်လိုမျိုးလဲ	be lau mjou: le:
Wem?	ဘယ်သူ့ကိုလဲ	be dhu. gou le:
Über wen?	ဘယ်သူ့အကြောင်းလဲ	be dhu. kjaun: le:
Wovon? (~ sprichst du?)	ဘာအကြောင်းလဲ	ba akjain: le:
Mit wem?	ဘယ်သူနဲ့လဲ	be dhu ne. le:
Wie viel? Wie viele?	ဘယ်လောက်လဲ	be lau' le:
Wessen?	ဘယ်သူ့	be dhu.

4. Präpositionen

mit (Frau ~ Katzen)	နဲ့အတူ	ne. atu
ohne (~ Dich)	မပါဘဲ	ma. ba be:
nach (~ London)	သို့	thou.
über (~ Geschäfte sprechen)	အကြောင်း	akjaun:
vor (z.B. ~ acht Uhr)	မတိုင်မီ	ma. dain mi

vor (z.B. ~ dem Haus)	ရှေ့မှာ	shei. hma
unter (~ dem Schirm)	အောက်မှာ	au' hma
über (~ dem Meeresspiegel)	အပေါ်မှာ	apo hma
auf (~ dem Tisch)	အပေါ်	apo
aus (z.b. ~ München)	မှ	hma.
aus (z.b. ~ Porzellan)	ဖြင့်	hpjin.
in (~ zwei Tagen)	နောက်	nau'
über (~ zaun)	ဖြတ်လျက်	hpja' lje'

5. Funktionswörter. Adverbien. Teil 1

Wo?	ဘယ်မှာလဲ	be hma le:
hier	ဒီမှာ	di hma
dort	ဟိုမှာ	hou hma.
irgendwo	တစ်နေရာရာမှာ	ti' nei ja ja hma
nirgends	ဘယ်မှာမှ	be hma hma.
an (bei)	နားမှာ	na: hma
am Fenster	ပြတင်းပေါက်နားမှာ	badin: pau' hna: hma
Wohin?	ဘယ်ကိုလဲ	be gou le:
hierher	ဒီဘက်ကို	di be' kou
dahin	ဟိုဘက်ကို	hou be' kou
von hier	ဒီဘက်မှ	di be' hma
von da	ဟိုဘက်မှ	hou be' hma.
nah (Adv)	နီးသည်	ni: de
weit, fern (Adv)	အဝေးမှာ	awei: hma
in der Nähe von …	နားမှာ	na: hma
in der Nähe	ဘေးမှာ	bei: hma
unweit (~ unseres Hotels)	မနီးမဝေး	ma. ni ma. wei:
link (Adj)	ဘယ်	be
links (Adv)	ဘယ်ဘက်မှာ	be be' hma
nach links	ဘယ်ဘက်	be be'
recht (Adj)	ညာဘက်	nja be'
rechts (Adv)	ညာဘက်မှာ	nja be' hma
nach rechts	ညာဘက်	nja be'
vorne (Adv)	ရှေ့မှာ	shei. hma
Vorder-	ရှေ့	shei.
vorwärts	ရှေ့	shei.
hinten (Adv)	နောက်မှာ	nau' hma
von hinten	နောက်က	nau' ka.
rückwärts (Adv)	နောက်	nau'
Mitte (f)	အလယ်	ale
in der Mitte	အလယ်မှာ	ale hma
seitlich (Adv)	ဘေးမှာ	bei: hma
überall (Adv)	နေရာတိုင်းမှာ	nei ja dain: hma

ringsherum (Adv)	ပတ်လည်မှာ	pa' le hma
von innen (Adv)	အထဲမှ	a hte: hma.
irgendwohin (Adv)	တစ်နေရာရာကို	ti' nei ja ja gou
geradeaus (Adv)	တိုက်ရိုက်	tai' jai'
zurück (Adv)	အပြန်	apjan
irgendwoher (Adv)	တစ်နေရာရာမှ	ti' nei ja ja hma.
von irgendwo (Adv)	တစ်နေရာရာမှ	ti' nei ja ja hma.
erstens	ပထမအနေဖြင့်	pahtama. anei gjin.
zweitens	ဒုတိယအနေဖြင့်	du. di. ja. anei bjin.
drittens	တတိယအနေဖြင့်	tati. ja. anei bjin.
plötzlich (Adv)	မတော်တဆ	ma. do da. za.
zuerst (Adv)	အစမှာ	asa. hma
zum ersten Mal	ပထမဆုံး	pahtama. zoun:
lange vor…	မတိုင်ခင် အတော်လေး အလိုက	ma. dain gin ato lei: alou ga.
von Anfang an	အသစ်တဖန်	athi' da. ban
für immer	အမြဲတမ်း	amje: dan:
nie (Adv)	ဘယ်တော့မှ	be do hma.
wieder (Adv)	တဖန်	tahpan
jetzt (Adv)	အခုတော့	akhu dau.
oft (Adv)	ခဏခဏ	khana. khana.
damals (Adv)	ထိုသို့ဖြစ်လျှင်	htou dhou. bji' shin
dringend (Adv)	အမြန်	aman
gewöhnlich (Adv)	ပုံမှန်	poun hman
übrigens, …	စကားမစပ်	zaga: ma. za'
möglicherweise (Adv)	ဖြင်နိုင်သည်	hpjin nain de
wahrscheinlich (Adv)	ဖြစ်နိုင်သည်	hpji' nein de
vielleicht (Adv)	ဖြစ်နိုင်သည်	hpji' nein de
außerdem …	ဒါ့အပြင်	da. apjin
deshalb …	ဒါကြောင့်	da gjaun.
trotz …	သော်လည်း	tho lei:
dank …	ကြောင့်	kjaun.
was (~ ist denn?)	ဘာ	ba
das (~ ist alles)	ဟု	hu
etwas	တစ်ခုခု	ti' khu. gu.
irgendwas	တစ်ခုခု	ti' khu. gu.
nichts	ဘာမှ	ba hma.
wer (~ ist ~?)	ဘယ်သူ	be dhu.
jemand	တစ်ယောက်ယောက်	ti' jau' jau'
irgendwer	တစ်ယောက်ယောက်	ti' jau' jau'
niemand	ဘယ်သူမှ	be dhu hma.
nirgends	ဘယ်ကိုမှ	be gou hma.
niemandes (~ Eigentum)	ဘယ်သူမှမပိုင်သော	be dhu hma ma. bain de.
jemandes	တစ်ယောက်ယောက်ရဲ့	ti' jau' jau' je.
so (derart)	ဒီလို	di lou
auch	ထို့ပြင်လည်း	htou. bjin le:
ebenfalls	လည်းဘဲ	le: be:

6. Funktionswörter. Adverbien. Teil 2

Warum?	ဘာကြောင့်လဲ	ba gjaun. le:
aus irgendeinem Grund	တစ်စုံရာကြောင့်	ti' khu. gu. gjaun.
weil ...	အဘယ်ကြောင့်ဆိုသော်	abe gjo:n. zou dho
zu irgendeinem Zweck	တစ်စုံရာအတွက်	ti' khu. gu. atwe'

und	နှင့်	hnin.
oder	သို့မဟုတ်	thou. ma. hou'
aber	ဒါပေမဲ့	da bei me.
für (präp)	အတွက်	atwe'

zu (~ viele)	အလွန်	alun
nur (~ einmal)	သာ	tha
genau (Adv)	အတိအကျ	ati. akja.
etwa	ခန့်	khan.

ungefähr (Adv)	ခန့်မှန်းခြေအားဖြင့်	khan hman: gjei a: bjin.
ungefähr (Adj)	ခန့်မှန်းခြေဖြစ်သော	khan hman: gjei bji' te.
fast	နီးပါး	ni: ba:
Übrige (n)	ကျန်သော	kjan de.

der andere	တခြားသော	tacha: de.
andere	အခြားသော	apja: de.
jeder (~ Mann)	တိုင်း	tain:
beliebig (Adj)	မဆို	ma. zou
viel (zähl.)	အမြောက်အများ	amjau' amja:
viel (unzähl.)	အများကြီး	amja: gji:
viele Menschen	များစွာသော	mja: zwa de.
alle (wir ~)	အားလုံး	a: loun:

im Austausch gegen ...	အစား	asa:
dafür (Adv)	အစား	asa:
mit der Hand (Hand-)	လက်ဖြင့်	le' hpjin.
schwerlich (Adv)	ဖြစ်နိုင်ခြေ နည်းသည်	hpji' nain gjei ni: de

wahrscheinlich (Adv)	ဖြစ်နိုင်သည်	hpji' nein de
absichtlich (Adv)	တမင်	tamin
zufällig (Adv)	အမှတ်တမဲ့	ahma' ta. me.

sehr (Adv)	သိပ်	thei'
zum Beispiel	ဥပမာအားဖြင့်	upama a: bjin.
zwischen	ကြား	kja:
unter (Wir sind ~ Mördern)	ကြားထဲတွင်	ka: de: dwin:
so viele (~ Ideen)	ဒီလောက်	di lau'
besonders (Adv)	အထူးသဖြင့်	a htu: dha. hjin.

ZAHLEN. VERSCHIEDENES

7. Grundzahlen. Teil 1

null	သုည	thoun nja.
eins	တစ်	ti'
zwei	နှစ်	hni'
drei	သုံး	thoun:
vier	လေး	lei:
fünf	ငါး	nga:
sechs	ခြောက်	chau'
sieben	ခုနှစ်	khun hni'
acht	ရှစ်	shi'
neun	ကိုး	kou:
zehn	တစ်ဆယ်	ti' hse
elf	တစ်ဆယ့်တစ်	ti' hse. ti'
zwölf	တစ်ဆယ့်နှစ်	ti' hse. hni'
dreizehn	တစ်ဆယ့်သုံး	ti' hse. thoun:
vierzehn	တစ်ဆယ့်လေး	ti' hse. lei:
fünfzehn	တစ်ဆယ့်ငါး	ti' hse. nga:
sechzehn	တစ်ဆယ့်ခြောက်	ti' hse. khau'
siebzehn	တစ်ဆယ့်ခုနှစ်	ti' hse. khu ni'
achtzehn	တစ်ဆယ့်ရှစ်	ti' hse. shi'
neunzehn	တစ်ဆယ့်ကိုး	ti' hse. gou:
zwanzig	နှစ်ဆယ်	hni' hse
einundzwanzig	နှစ်ဆယ့်တစ်	hni' hse. ti'
zweiundzwanzig	နှစ်ဆယ့်နှစ်	hni' hse. hni'
dreiundzwanzig	နှစ်ဆယ့်သုံး	hni' hse. thuan:
dreißig	သုံးဆယ်	thoun: ze
einunddreißig	သုံးဆယ့်တစ်	thoun: ze. di'
zweiunddreißig	သုံးဆယ့်နှစ်	thoun: ze. hni'
dreiunddreißig	သုံးဆယ့်သုံး	thoun: ze. dhoun:
vierzig	လေးဆယ်	lei: hse
einundvierzig	လေးဆယ့်တစ်	lei: hse. ti'
zweiundvierzig	လေးဆယ့်နှစ်	lei: hse. hni'
dreiundvierzig	လေးဆယ့်သုံး	lei: hse. thaun:
fünfzig	ငါးဆယ်	nga: ze
einundfünfzig	ငါးဆယ့်တစ်	nga: ze di'
zweiundfünfzig	ငါးဆယ့်နှစ်	nga: ze hni'
dreiundfünfzig	ငါးဆယ့်သုံး	nga: ze dhoun:
sechzig	ခြောက်ဆယ်	chau' hse
einundsechzig	ခြောက်ဆယ့်တစ်	chau' hse. di'

| zweiundsechzig | ခြောက်ဆယ့်နှစ် | chau' hse. hni' |
| dreiundsechzig | ခြောက်ဆယ့်သုံး | chau' hse. dhoun: |

siebzig	ခုနစ်ဆယ်	khun hni' hse.
einundsiebzig	ခုနစ်ဆယ့်တစ်	qunxcy•tx
zweiundsiebzig	ခုနစ်ဆယ့်နှစ်	khun hni' hse. hni
dreiundsiebzig	ခုနစ်ဆယ့်သုံး	khu. ni' hse. dhoun:

achtzig	ရှစ်ဆယ်	shi' hse
einundachtzig	ရှစ်ဆယ့်တစ်	shi' hse. ti'
zweiundachtzig	ရှစ်ဆယ့်နှစ်	shi' hse. hni'
dreiundachtzig	ရှစ်ဆယ့်သုံး	shi' hse. dhun:

neunzig	ကိုးဆယ်	kou: hse
einundneunzig	ကိုးဆယ့်တစ်	kou: hse. ti'
zweiundneunzig	ကိုးဆယ့်နှစ်	kou: hse. hni'
dreiundneunzig	ကိုးဆယ့်သုံး	kou: hse. dhaun:

8. Grundzahlen. Teil 2

einhundert	တစ်ရာ	ti' ja
zweihundert	နှစ်ရာ	hni' ja
dreihundert	သုံးရာ	thoun; ja
vierhundert	လေးရာ	lei: ja
fünfhundert	ငါးရာ	nga: ja

sechshundert	ခြောက်ရာ	chau' ja
siebenhundert	ခုနစ်ရာ	khun hni' ja
achthundert	ရှစ်ရာ	shi' ja
neunhundert	ကိုးရာ	kou: ja

eintausend	တစ်ထောင်	ti' htaun
zweitausend	နှစ်ထောင်	hni' taun
dreitausend	သုံးထောင်	thoun: daun
zehntausend	တစ်သောင်း	ti' thaun:
hunderttausend	တစ်သိန်း	ti' thein:
Million (f)	တစ်သန်း	ti' than:
Milliarde (f)	ဘီလီယံ	bi li jan

9. Ordnungszahlen

der erste	ပထမ	pahtama.
der zweite	ဒုတိယ	du. di. ja.
der dritte	တတိယ	tati, ja,
der vierte	စတုတ္ထ	zadou' hta.
der fünfte	ပဉ္စမ	pjin sama.

der sechste	ဆဋ္ဌမ	hsa. htama.
der siebte	သတ္တမ	tha' tama.
der achte	အဋ္ဌမ	a' htama.
der neunte	နဝမ	na. wa. ma.
der zehnte	ဒသမ	da dha ma

FARBEN. MAßEINHEITEN

10. Farben

Deutsch	Burmesisch	Umschrift
Farbe (f)	အရောင်	ajaun
Schattierung (f)	အသွေးအဆင်း	athwei: ahsin:
Farbton (m)	အရောင်အသွေး	ajaun athwei:
Regenbogen (m)	သက်တံ	the' tan
weiß	အဖြူရောင်	ahpju jaun
schwarz	အနက်ရောင်	ane' jaun
grau	မဲရောင်	khe: jaun
grün	အစိမ်းရောင်	asain: jaun
gelb	အဝါရောင်	awa jaun
rot	အနီရောင်	ani jaun
blau	အပြာရောင်	apja jaun
hellblau	အပြာနုရောင်	apja nu. jaun
rosa	ပန်းရောင်	pan: jaun
orange	လိမ္မော်ရောင်	limmo jaun
violett	ခရမ်းရောင်	khajan: jaun
braun	အညိုရောင်	anjou jaun
golden	ရွှေရောင်	shwei jaun
silbrig	ငွေရောင်	ngwei jaun
beige	ဝါညိုနုရောင်	wa njou nu. jaun
cremefarben	နို့စိမ်းရောင်	nou. hni' jaun
türkis	စိမ်းပြာရောင်	sein: bja jaun
kirschrot	ချယ်ရီရောင်	che ji jaun
lila	ခရမ်းဖျော့ရောင်	khajan: bjo. jaun
himbeerrot	ကြက်သွေးရောင်	kje' thwei: jaun
hell	အရောင်ဖျော့သော	ajaun bjo. de.
dunkel	အရောင်ရင့်သော	ajaun jin. de.
grell	တောက်ပသော	tau' pa. de.
Farb- (z.B. -stifte)	အရောင်ရှိသော	ajaun shi. de.
Farb- (z.B. -film)	ရောင်စုံ	jau' soun
schwarz-weiß	အဖြူအမည်း	ahpju ame:
einfarbig	တစ်စရောင်တည်းရှိသော	ti' jaun te: shi. de.
bunt	အရောင်စုံသော	ajaun zoun de.

11. Maßeinheiten

Deutsch	Burmesisch	Umschrift
Gewicht (n)	အလေးချိန်	alei: gjein
Länge (f)	အရှည်	ashei

Breite (f)	အကျယ်	akje
Höhe (f)	အမြင့်	amjin.
Tiefe (f)	အနက်	ane'
Volumen (n)	ထုထည်	du. de
Fläche (f)	အကျယ်အဝန်း	akje awun:

Gramm (n)	ဂရမ်	ga ran
Milligramm (n)	မီလီဂရမ်	mi li ga. jan
Kilo (n)	ကီလိုဂရမ်	ki lou ga jan
Tonne (f)	တန်	tan
Pfund (n)	ပေါင်	paun
Unze (f)	အောင်စ	aun sa.

Meter (m)	မီတာ	mi ta
Millimeter (m)	မီလီမီတာ	mi li mi ta
Zentimeter (m)	စင်တီမီတာ	sin ti mi ta
Kilometer (m)	ကီလိုမီတာ	ki lou mi ta
Meile (f)	မိုင်	main

Zoll (m)	လက်မ	le' ma
Fuß (m)	ပေ	pei
Yard (n)	ကိုက်	kou'

| Quadratmeter (m) | စတုရန်းမီတာ | satu. jan: mi ta |
| Hektar (n) | ဟက်တာ | he' ta |

Liter (m)	လီတာ	li ta
Grad (m)	ဒီဂရီ	di ga ji
Volt (n)	ဗို့	boi.
Ampere (n)	အမ်ပီယာ	an bi ja
Pferdestärke (f)	မြင်းကောင်ရေအား	mjin: gaun jei a:

Anzahl (f)	အရေအတွက်	ajei adwe'
etwas ...	နည်းနည်း	ne: ne:
Hälfte (f)	တစ်ဝက်	ti' we'
Dutzend (n)	ဒါဇင်	da zin
Stück (n)	ခု	khu.

| Größe (f) | အတိုင်းအတာ | atain: ata |
| Maßstab (m) | စကေး | sakei: |

minimal (Adj)	အနည်းဆုံး	ane: zoun
der kleinste	အသေးဆုံး	athei: zoun:
mittler, mittel-	အလယ်အလတ်	ale ala'
maximal (Adj)	အများဆုံး	amja: zoun:
der größte	အကြီးဆုံး	akji: zoun:

12. Behälter

Glas (Einmachglas)	ဖန်ဘူး	hpan bu:
Dose (z.B. Bierdose)	သံဘူး	than bu:
Eimer (m)	ရေပုံး	jei boun:
Fass (n), Tonne (f)	စည်ပိုင်း	si bain:
Waschschüssel (n)	ဇလုံ	za loun

Tank (m)	သံစည်	than zi
Flachmann (m)	အရက်ပုလင်းပြား	aje' pu lin: pja:
Kanister (m)	တာင်ဆီပုံး	da' hsi boun:
Zisterne (f)	တိုင်ကီ	tain ki

Kaffeebecher (m)	မတ်ခွက်	ma' khwe'
Tasse (f)	ခွက်	khwe'
Untertasse (f)	အောက်ခံပန်းကန်ပြား	au' khan ban: kan pja:
Wasserglas (n)	ဖန်ခွက်	hpan gwe'
Weinglas (n)	ဝိုင်ခွက်	wain gwe'
Kochtopf (m)	ပေါင်းအိုး	paun: ou:

Flasche (f)	ပုလင်း	palin:
Flaschenhals (m)	ပုလင်းလည်ပင်း	palin: le bin:

Karaffe (f)	ဖန်ချိင့်	hpan gjain.
Tonkrug (m)	ကရား	kaja:
Gefäß (n)	အိုးခွက်	ou: khwe'
Tontopf (m)	မြေအိုး	mjei ou:
Vase (f)	ပန်းအိုး	pan: ou:

Flakon (n)	ပုလင်း	palin:
Fläschchen (n)	ပုလင်းကလေး	palin: galei:
Tube (z.B. Zahnpasta)	ဘူး	bu:

Sack (~ Kartoffeln)	ဂုန်အိတ်	goun ni ei'
Tüte (z.B. Plastiktüte)	အိတ်	ei'
Schachtel (z.B. Zigaretten~)	ဘူး	bu:

Karton (z.B. Schuhkarton)	စက္ကူဘူး	se' ku bu:
Kiste (z.B. Bananenkiste)	သေတ္တာ	thi' ta
Korb (m)	တောင်း	taun:

DIE WICHTIGSTEN VERBEN

13. Die wichtigsten Verben. Teil 1

abbiegen (nach links ~)	ကွေ့သည်	kwei. de
abschicken (vt)	ပို့သည်	pou. de
ändern (vt)	ပြောင်းလဲသည်	pjaun: le: de
andeuten (vt)	အရိပ်အမြွက်ပေးသည်	aji' ajmwe' pei: de
Angst haben	ကြောက်သည်	kjau' te

ankommen (vi)	ရောက်သည်	jau' te
antworten (vi)	ဖြေသည်	hpjei de
arbeiten (vi)	အလုပ်လုပ်သည်	alou' lou' te
auf ... zählen	အားကိုးသည်	a: kou: de
aufbewahren (vt)	ထိန်းထားသည်	htein: da: de

aufschreiben (vt)	ရေးထားသည်	jei: da: de
ausgehen (vi)	ထွက်သည်	htwe' te
aussprechen (vt)	အသံထွက်သည်	athan dwe' te
bedauern (vt)	နောင်တရသည်	naun da. ja. de
bedeuten (vt)	ဆိုလိုသည်	hsou lou de
beenden (vt)	ပြီးသည်	pji: de

befehlen (Milit.)	အမိန့်ပေးသည်	amin. bei: de
befreien (Stadt usw.)	လွတ်မြောက်စေသည်	lu' mjau' sei de
beginnen (vt)	စတင်သည်	sa. tin de
bemerken (vt)	သတိထားမိသည်	dhadi. da: mi. de
beobachten (vt)	စောင့်ကြည့်သည်	saun. gji. de

berühren (vt)	ကိုင်သည်	kain de
besitzen (vt)	ပိုင်ဆိုင်သည်	pain zain de
besprechen (vt)	ဆွေးနွေးသည်	hswe: nwe: de
bestehen auf	တိုက်တွန်းပြောဆိုသည်	tou' tun: bjo: zou de
bestellen (im Restaurant)	မှာသည်	hma de

bestrafen (vt)	အပြစ်ပေးသည်	apja' pei: de
beten (vi)	ရှိခိုးသည်	shi. gou: de
bitten (vt)	တောင်းဆိုသည်	taun: hsou: de
brechen (vt)	ဖျက်ဆီးသည်	hpje' hsi: de
denken (vi, vt)	ထင်သည်	htin de

drohen (vi)	ခြိမ်းခြောက်သည်	chein: gjau' te
Durst haben	ရေဆာသည်	jei za de
einladen (vt)	ဖိတ်သည်	hpi' de
einstellen (vt)	ရပ်သည်	ja' te
einwenden (vt)	ငြင်းသည်	njin: de
empfehlen (vt)	အကြံပြုထောက်ခံသည်	akjan pju htau' khan de

erklären (vt)	ရှင်းပြသည်	shin: bja. de
erlauben (vt)	ခွင့်ပြုသည်	khwin bju. de

ermorden (vt)	သတ်သည်	tha' te
erwähnen (vt)	ဖော်ပြသည်	hpjo bja. de
existieren (vi)	တည်ရှိသည်	ti shi. de

14. Die wichtigsten Verben. Teil 2

fallen (vi)	ကျဆင်းသည်	kja zin: de
fallen lassen	ဖြုတ်ချသည်	hpjou' cha. de
fangen (vt)	ဖမ်းသည်	hpan: de
finden (vt)	ရှာတွေ့သည်	sha dwei. de
fliegen (vi)	ပျံသန်းသည်	pjan dan: de

folgen (Folge mir!)	လိုက်သည်	lai' te
fortsetzen (vt)	ဆက်လုပ်သည်	hse' lou' te
fragen (vt)	မေးသည်	mei: de
frühstücken (vi)	နံနက်စာစားသည်	nan ne' za za: de
geben (vt)	ပေးသည်	pei: de

gefallen (vi)	ကြိုက်သည်	kjai' de
gehen (zu Fuß gehen)	သွားသည်	thwa: de
gehören (vi)	ပိုင်ဆိုင်သည်	pain zain de
graben (vt)	တူးသည်	tu: de

haben (vt)	ရှိသည်	shi. de
helfen (vi)	ကူညီသည်	ku nji de
herabsteigen (vi)	ဆင်းသည်	hsin: de
hereinkommen (vi)	ဝင်သည်	win de

hoffen (vi)	မျှော်လင့်သည်	hmjo. lin. de
hören (vt)	ကြားသည်	ka: de
hungrig sein	ဗိုက်ဆာသည်	bai' hsa de
informieren (vt)	အကြောင်းကြားသည်	akjaun: kja: de
jagen (vi)	အမဲလိုက်သည်	ame: lai' de

kennen (vt)	သိသည်	thi. de
klagen (vi)	တိုင်ကြောသည်	tain bjo: de
können (v mod)	တတ်နိုင်သည်	ta' nain de
kontrollieren (vt)	ထိန်းချုပ်သည်	htein: gjou' te
kosten (vt)	ကုန်ကျသည်	koun kja de

kränken (vt)	စော်ကားသည်	so ga: de
lächeln (vi)	ပြုံးသည်	pjoun: de
lachen (vi)	ရယ်သည်	je de
laufen (vi)	ပြေးသည်	pjei: de
leiten (Betrieb usw.)	ညွှန်ကြားသည်	hnjun gja: de

lernen (vt)	သင်ယူလေ့လာသည်	thin ju lei. la de
lesen (vi, vt)	ဖတ်သည်	hpa' te
lieben (vt)	ချစ်သည်	chi' te
machen (vt)	ပြုလုပ်သည်	pju. lou' te

mieten (Haus usw.)	ငှားသည်	hnga: de
nehmen (vt)	ယူသည်	ju de
noch einmal sagen	ထပ်လုပ်သည်	hta' lou' te

nötig sein	အလိုရှိသည်	alou' shi. de
öffnen (vt)	ဖွင့်သည်	hpwin. de

15. Die wichtigsten Verben. Teil 3

planen (vt)	စီစဉ်သည်	si zin de
prahlen (vi)	ကြွားသည်	kjwa: de
raten (vt)	အကြံပေးသည်	akjan bei: de
rechnen (vt)	ရေတွက်သည်	jei dwe' te
reservieren (vt)	မှာသည်	hma de

retten (vt)	ကယ်ဆယ်သည်	ke ze de
richtig raten (vt)	မှန်းဆသည်	hman za de
rufen (um Hilfe ~)	ခေါ်သည်	kho de
sagen (vt)	ပြောသည်	pjo: de
schaffen (Etwas Neues zu ~)	ဖန်တီးသည်	hpan di: de

schelten (vt)	ဆူသည်	hsu. de
schießen (vi)	ပစ်သည်	pi' te
schmücken (vt)	အလှဆင်သည်	ahla. zin dhe
schreiben (vi, vt)	ရေးသည်	jei: de
schreien (vi)	အော်သည်	o de

schweigen (vi)	နှုတ်ဆိတ်သည်	hnou' hsei' te
schwimmen (vi)	ရေကူးသည်	jei ku: de
schwimmen gehen	ရေကူးသည်	jei ku: de
sehen (vi, vt)	မြင်သည်	mjin de
sein (Lehrer ~)	ဖြစ်သည်	hpji' te

sein (müde ~)	ဖြစ်နေသည်	hpji' nei de
sich beeilen	လောသည်	lo de
sich entschuldigen	တောင်းပန်သည်	thaun: ban de

sich interessieren	စိတ်ဝင်စားသည်	sei' win za: de
sich irren	မှားသည်	hma: de
sich setzen	ထိုင်သည်	htain de
sich weigern	ငြင်းဆန်သည်	njin: zan de
spielen (vi, vt)	ကစားသည်	gaza: de

sprechen (vi)	ပြောသည်	pjo: de
staunen (vi)	အံ့ဩသည်	an. o. de
stehlen (vt)	ခိုးသည်	khou: de
stoppen (vt)	ရပ်သည်	ja' te
suchen (vt)	ရှာသည်	sha de

16. Die wichtigsten Verben. Teil 4

täuschen (vt)	လိမ်ပြောသည်	lain bjo: de
teilnehmen (vi)	ပါဝင်သည်	pa win de
übersetzen (Buch usw.)	ဘာသာပြန်သည်	ba dha bjan de
unterschätzen (vt)	လျှော့တွက်သည်	sho. dwe' de
unterschreiben (vt)	လက်မှတ်ထိုးသည်	le' hma' htou: de

vereinigen (vt)	ပေါင်းစည်းသည်	paun: ze: de
vergessen (vt)	မေ့သည်	mei. de
vergleichen (vt)	နှိုင်းယှဉ်သည်	hnain: shin de
verkaufen (vt)	ရောင်းသည်	jaun: de
verlangen (vt)	တိုက်တွန်းသည်	tai' tun: de

versäumen (vt)	ပျက်ကွက်သည်	pje' kwe' te
versprechen (vt)	ကတိပေးသည်	gadi pei: de
verstecken (vt)	ဖုံးကွယ်သည်	hpoun: gwe de
verstehen (vt)	နားလည်သည်	na: le de
versuchen (vt)	စမ်းကြည့်သည်	san: kji. de

verteidigen (vt)	ကာကွယ်သည်	ka gwe de
vertrauen (vi)	ယုံကြည်သည်	joun kji de
verwechseln (vt)	ရောထွေးသည်	jo: dwei: de
verzeihen (vi, vt)	ခွင့်လွှတ်သည်	khwin. hlu' te
verzeihen (vt)	ခွင့်လွှတ်သည်	khwin. hlu' te
voraussehen (vt)	ကြိုမြင်သည်	kjou mjin de

vorschlagen (vt)	အဆိုပြုသည်	ahsou bju. de
vorziehen (vt)	ပိုကြိုက်သည်	pou gjai' te
wählen (vt)	ရွေးသည်	jwei: de
warnen (vt)	သတိပေးသည်	dhadi. pei: de
warten (vi)	စောင့်သည်	saun. de
weinen (vi)	ငိုသည်	ngou de

wissen (vt)	သိသည်	thi. de
Witz machen	စနောက်သည်	sanau' te
wollen (vt)	လိုချင်သည်	lou gjin de
zahlen (vt)	ပေးချေသည်	pei: gjei de
zeigen (jemandem etwas)	ပြသည်	pja. de

zu Abend essen	ညစာစားသည်	nja. za za: de
zu Mittag essen	နေ့လယ်စာစားသည်	nei. le za za de
zubereiten (vt)	ချက်ပြုတ်သည်	che' pjou' te
zustimmen (vi)	သဘောတူသည်	dhabo: tu de
zweifeln (vi)	သံသယဖြစ်သည်	than thaja. bji' te

23

ZEIT. KALENDER

17. Wochentage

Montag (m)	တနင်္လာ	tanin: la
Dienstag (m)	အင်္ဂါ	in ga
Mittwoch (m)	ဗုဒ္ဓဟူး	bou' da. hu:
Donnerstag (m)	ကြာသပတေး	kja dha ba. dei:
Freitag (m)	သောကြာ	thau' kja
Samstag (m)	စနေ	sanei
Sonntag (m)	တနင်္ဂနွေ	tanin: ganwei
heute	ယနေ့	ja. nei.
morgen	မနက်ဖြန်	mane' bjan
übermorgen	သဘက်ခါ	dhabe' kha
gestern	မနေ့က	ma. nei. ka.
vorgestern	တနေ့က	ta. nei. ga.
Tag (m)	နေ့	nei.
Arbeitstag (m)	ရုံးဖွင့်ရက်	joun: hpwin je'
Feiertag (m)	ပွဲတော်ရက်	pwe: do je'
freier Tag (m)	ရုံးပိတ်ရက်	joun: bei' je'
Wochenende (n)	ရုံးပိတ်ရက်များ	joun: hpwin je' mja:
den ganzen Tag	တနေ့လုံး	ta. nei. loun:
am nächsten Tag	နောက်တနေ့	nau' nei.
zwei Tage vorher	လွန်ခဲ့သော နှစ်ရက်က	lun ge: de. hni' ja' ka.
am Vortag	အကြိုနေ့မှာ	akjou nei. hma
täglich (Adj)	နေ့စဉ်	nei. zin
täglich (Adv)	နေ့တိုင်း	nei dain:
Woche (f)	ရက်သတ္တပတ်	je' tha' daba'
letzte Woche	ပြီးခဲ့တဲ့အပတ်က	pji: ge. de. apa' ka.
nächste Woche	လာမယ့်အပတ်မှာ	la. me. apa' hma
wöchentlich (Adj)	အပတ်စဉ်	apa' sin
wöchentlich (Adv)	အပတ်စဉ်	apa' sin
zweimal pro Woche	တစ်ပတ် နှစ်ကြိမ်	ti' pa' hni' kjein
jeden Dienstag	အင်္ဂါနေ့တိုင်း	in ga nei. dain:

18. Stunden. Tag und Nacht

Morgen (m)	နံနက်ခင်း	nan ne' gin:
morgens	နံနက်ခင်းမှာ	nan ne' gin: hma
Mittag (m)	မွန်းတည့်	mun: de.
nachmittags	နေ့လယ်စာစားချိန်ပြီးနောက်	nei. le za za: gjein bji: nau'
Abend (m)	ညနေခင်း	nja. nei gin:
abends	ညနေခင်းမှာ	nja. nei gin: hma

Nacht (f)	ည	nja
nachts	ညမှာ	nja hma
Mitternacht (f)	သန်းခေါင်ယံ	than: gaun jan

Sekunde (f)	စက္ကန့်	se' kan.
Minute (f)	မိနစ်	mi. ni'
Stunde (f)	နာရီ	na ji
eine halbe Stunde	နာရီဝက်	na ji we'
Viertelstunde (f)	ဆယ့်ငါးမိနစ်	hse. nga: mi. ni'
fünfzehn Minuten	၁၅ မိနစ်	ta' hse. nga: mi ni'
Tag und Nacht	နှစ်ဆယ့်လေးနာရီ	hni' hse lei: na ji

Sonnenaufgang (m)	နေထွက်ချိန်	nei dwe' gjein
Morgendämmerung (f)	အာရုဏ်ဦး	a joun u:
früher Morgen (m)	နံနက်စောစော	nan ne' so: zo:
Sonnenuntergang (m)	နေဝင်ချိန်	nei win gjein

früh am Morgen	နံနက်အစောပိုင်း	nan ne' aso: bain:
heute Morgen	ယနေ့နံနက်	ja. nei. nan ne'
morgen früh	မနက်ဖြန်နံနက်	mane' bjan nan ne'

heute Mittag	ယနေ့နေ့လယ်	ja. nei. nei. le
nachmittags	နေ့လယ်စာစားချိန်ပြီးနောက်	nei. le za za: gjein bji: nau'
morgen Nachmittag	မနက်ဖြန်မွန်းလွဲပိုင်း	mane' bjan mun: lwe: bain:

heute Abend	ယနေ့ညနေ	ja. nei. nja. nei
morgen Abend	မနက်ဖြန်ညနေ	mane' bjan nja. nei

Punkt drei Uhr	၃ နာရီတွင်	thoun: na ji dwin
gegen vier Uhr	၄ နာရီခန့်တွင်	lei: na ji khan dwin
um zwölf Uhr	၁၂ နာရီအရောက်	hse. hni' na ji ajau'

in zwanzig Minuten	နောက် မိနစ် ၂၀ မှာ	nau' mi. ni' hni' se hma
in einer Stunde	နောက်တစ်နာရီမှာ	nau' ti' na ji hma
rechtzeitig (Adv)	အချိန်ကိုက်	achein kai'

Viertel vor ...	မတ်တင်း	ma' tin:
innerhalb einer Stunde	တစ်နာရီအတွင်း	ti' na ji atwin:
alle fünfzehn Minuten	၁၅ မိနစ်တိုင်း	ta' hse. nga: mi ni' htain:
Tag und Nacht	၂၄ နာရီလုံး	hna' hse. lei: na ji

19. Monate. Jahreszeiten

Januar (m)	ဇန်နဝါရီလ	zan na. wa ji la.
Februar (m)	ဖေဖော်ဝါရီလ	hpei bo wa ji la
März (m)	မတ်လ	ma' la.
April (m)	ဧပြီလ	ei bji la.
Mai (m)	မေလ	mei la.
Juni (m)	ဇွန်လ	zun la.

Juli (m)	ဇူလိုင်လ	zu lain la.
August (m)	ဩဂုတ်လ	o: gou' la.
September (m)	စက်တင်ဘာလ	sa' htin ba la.
Oktober (m)	အောက်တိုဘာလ	au' tou ba la

| November (m) | နိုဝင်ဘာလ | nou win ba la. |
| Dezember (m) | ဒီဇင်ဘာလ | di zin ba la. |

Frühling (m)	နွေဦးရာသီ	nwei: u: ja dhi
im Frühling	နွေဦးရာသီမှာ	nwei: u: ja dhi hma
Frühlings-	နွေဦးရာသီနှင့်ဆိုင်သော	nwei: u: ja dhi hnin. zain de.

Sommer (m)	နွေရာသီ	nwei: ja dhi
im Sommer	နွေရာသီမှာ	nwei: ja dhi hma
Sommer-	နွေရာသီနှင့်ဆိုင်သော	nwei: ja dhi hnin. zain de.

Herbst (m)	ဆောင်းဦးရာသီ	hsaun: u: ja dhi
im Herbst	ဆောင်းဦးရာသီမှာ	hsaun: u: ja dhi hma
Herbst-	ဆောင်းဦးရာသီနှင့်ဆိုင်သော	hsaun: u: ja dhi hnin. zain de.

Winter (m)	ဆောင်းရာသီ	hsaun: ja dhi
im Winter	ဆောင်းရာသီမှာ	hsaun: ja dhi hma
Winter-	ဆောင်းရာသီနှင့်ဆိုင်သော	hsaun: ja dhi hnin. zain de.

Monat (m)	လ	la.
in diesem Monat	ဒီလ	di la.
nächsten Monat	နောက်လ	nau' la
letzten Monat	ယခင်လ	jakhin la.
vor einem Monat	ပြီးခဲ့တဲ့တစ်လကျော်	pji: ge. de. di' la. gjo
über eine Monat	နောက်တစ်လကျော်	nau' ti' la. gjo
in zwei Monaten	နောက်နှစ်လကျော်	nau' hni' la. gjo
den ganzen Monat	တစ်လလုံး	ti' la. loun:

monatlich (Adj)	လစဉ်	la. zin
monatlich (Adv)	လစဉ်	la. zin
jeden Monat	လတိုင်း	la. dain:
zweimal pro Monat	တစ်လနှစ်ကြိမ်	ti' la. hni' kjein:

Jahr (n)	နှစ်	hni'
dieses Jahr	ဒီနှစ်မှာ	di hna' hma
nächstes Jahr	နောက်နှစ်မှာ	nau' hni' hnma
voriges Jahr	ယခင်နှစ်မှာ	jakhin hni' hma

vor einem Jahr	ပြီးခဲ့တဲ့တစ်နှစ်ကျော်က	pji: ge. de. di' hni' kjo ga.
in einem Jahr	နောက်တစ်နှစ်ကျော်	nau' ti' hni' gjo
in zwei Jahren	နောက်နှစ်နှစ်ကျော်	nau' hni' hni' gjo
das ganze Jahr	တစ်နှစ်လုံး	ti' hni' loun:

jedes Jahr	နှစ်တိုင်း	hni' tain:
jährlich (Adj)	နှစ်စဉ်ဖြစ်သော	hni' san bji' te.
jährlich (Adv)	နှစ်စဉ်	hni' san
viermal pro Jahr	တစ်နှစ်လေးကြိမ်	ti' hni' lei: gjein

Datum (heutige ~)	နေ့စွဲ	nei. zwe:
Datum (Geburts-)	ရက်စွဲ	je' swe:
Kalender (m)	ပြက္ခဒိန်	pje' gadein

ein halbes Jahr	နှစ်ဝက်	hni' we'
Halbjahr (n)	နှစ်ဝက်	hni' we'
Saison (f)	ရာသီ	ja dhi
Jahrhundert (n)	ရာစု	jazu.

REISEN. HOTEL

20. Ausflug. Reisen

Tourismus (m)	ခရီးသွားလုပ်ငန်း	khaji: thwa: lou' ngan:
Tourist (m)	ကမ္ဘာလှည့်ခရီးသည်	ga ba hli. kha. ji: de
Reise (f)	ခရီးထွက်ခြင်း	khaji: htwe' chin:
Abenteuer (n)	စွန့်စားမှု	sun. za: hmu.
Fahrt (f)	ခရီး	khaji:

Urlaub (m)	ခွင့်ရက်	khwin. je'
auf Urlaub sein	အခွင့်ယူသည်	akhwin. ju de
Erholung (f)	အနားယူခြင်း	ana: ju gjin:

Zug (m)	ရထား	jatha:
mit dem Zug	ရထားနဲ့	jatha: ne.
Flugzeug (n)	လေယာဉ်	lei jan
mit dem Flugzeug	လေယာဉ်နဲ့	lei jan ne.
mit dem Auto	ကားနဲ့	ka: ne.
mit dem Schiff	သင်္ဘောနဲ့	thin: bo: ne.

Gepäck (n)	ဝန်စည်စလည်	wun zi za. li
Koffer (m)	သားရေသေတ္တာ	tha: jei dhi' ta
Gepäckwagen (m)	ပစ္စည်းတင်ရန်တွဲလှည်း	pji' si: din jan dun: hle:

Pass (m)	နိုင်ငံကူးလက်မှတ်	nain ngan gu: le' hma'
Visum (n)	ဗီဇာ	bi za
Fahrkarte (f)	လက်မှတ်	le' hma'
Flugticket (n)	လေယာဉ်လက်မှတ်	lei jan le' hma'

Reiseführer (m)	လမ်းညွှန်စာအုပ်	lan: hnjun za ou'
Landkarte (f)	မြေပုံ	mjei boun
Gegend (f)	ဒေသ	dei dha.
Ort (wunderbarer ~)	နေရာ	nei ja

Exotika (pl)	အထူးအဆန်းပစ္စည်း	a htu: a hsan: bji' si:
exotisch	အထူးအဆန်းဖြစ်သော	a htu: a hsan: hpja' te.
erstaunlich (Adj)	အံ့သြစရာကောင်းသော	an. o: sa ja kaun de.

Gruppe (f)	အုပ်စု	ou' zu.
Ausflug (m)	လေ့လာရေးခရီး	lei. la jei: gaji:
Reiseleiter (m)	လမ်းညွှန်	lan: hnjun

21. Hotel

Hotel (n)	ဟိုတယ်	hou te
Motel (n)	မိုတယ်	mou te
drei Sterne	ကြယ် ၃ ပွင့်အဆင့်	kje thoun: pwin. ahsin.

| fünf Sterne | ကြယ် ၅ ပွင့်အဆင့် | kje nga: pwin. ahsin. |
| absteigen (vi) | တည်းခိုသည် | te: khou de |

Hotelzimmer (n)	အခန်း	akhan:
Einzelzimmer (n)	တစ်ယောက်ခန်း	ti' jau' khan:
Zweibettzimmer (n)	နှစ်ယောက်ခန်း	hni' jau' khan:
reservieren (vt)	ကြိုတင်မှာယူသည်	kjou tin hma ju de

Halbpension (f)	ကြိုတင်တစ်ဝက်ငွေရှေချင်း	kjou tin di' we' ngwe gjei gjin:
Vollpension (f)	ငွေအပြည့်ကြို	ngwei apjei. kjou
	တင်ပေးရှေချင်း	din bei: chei chin:

mit Bad	ရေရှိုးခန်းနှင့်	jei gjou gan: hnin.
mit Dusche	ရေပန်းနှင့်	jei ban: hnin.
Satellitenfernsehen (n)	ဂြိုဟ်တုရုပ်မြင်သံကြား	gjou' htu. jou' mjin dhan gja:
Klimaanlage (f)	လေအေးပေးစက်	lei ei: bei: ze'
Handtuch (n)	တဘက်	tabe'
Schlüssel (m)	သော့	tho.

Verwalter (m)	အုပ်ချုပ်ရေးမှူး	ou' chu' jei: hmu:
Zimmermädchen (n)	သန့်ရှင်းရေးဝန်ထမ်း	than. shin: jei: wun dan:
Träger (m)	အထမ်းသမား	a htan: dha. ma:
Portier (m)	တံခါးဝမှ ညွှန်ကြို	daga: wa. hma. e. kjou

Restaurant (n)	စားသောက်ဆိုင်	sa: thau' hsain
Bar (f)	ဘား	ba:
Frühstück (n)	နံနက်စာ	nan ne' za
Abendessen (n)	ညစာ	nja. za
Buffet (n)	ဘူဖေး	bu hpei:

| Foyer (n) | နားနေခန်း | hna jaun gan: |
| Aufzug (m), Fahrstuhl (m) | တက်လှေကား | da' hlei ga: |

| BITTE NICHT STÖREN! | မနှောင့်ယှက်ရ | ma. hnaun hje' ja. |
| RAUCHEN VERBOTEN! | ဆေးလိပ်မသောက်ရ | hsei: lei' ma. dhau' ja. |

22. Sehenswürdigkeiten

Denkmal (n)	ရုပ်တု	jou' tu.
Festung (f)	ခံတပ်ကြီး	khwan da' kji:
Palast (m)	နန်းတော်	nan do
Schloss (n)	ရဲတိုက်	je: dai'
Turm (m)	မျှော်စင်	hmjo zin
Mausoleum (n)	ဂူဗိမာန်	gu bi. man

Architektur (f)	ဗိသုကာပညာ	bi. thu. ka pjin nja
mittelalterlich	အလယ်ခေတ်နှင့်ဆိုင်သော	ale khei' hnin. zain de.
alt (antik)	ရှေးကျသော	shei: gja. de
national	အမျိုးသားနှင့်ဆိုင်သော	amjou: dha: hnin. zain de.
berühmt	နာမည်ကြီးသော	na me gji: de.

Tourist (m)	ကမ္ဘာလှည့်ခရီးသည်	ga ba hli. kha. ji: de
Fremdenführer (m)	လမ်းညွှန်	lan: hnjun
Ausflug (m)	လေ့လာရေးခရီး	lei. la jei: gaji:

zeigen (vt)	ပြသည်	pja. de
erzählen (vt)	ပြောပြသည်	pjo: bja. de
finden (vt)	ရှာတွေ့သည်	sha dwei. de
sich verlieren	ပျောက်သသည်	pjau' te
Karte (U-Bahn ~)	မြေပုံ	mjei boun
Karte (Stadt-)	မြေပုံ	mjei boun
Souvenir (n)	အမှတ်တရလက်ဆောင်ပစ္စည်း	ahma' ta ra le' hsaun pji' si:
Souvenirladen (m)	လက်ဆောင်ပစ္စည်းဆိုင်	le' hsaun pji' si: zain
fotografieren (vt)	ဓာတ်ပုံရိုက်သည်	da' poun jai' te
sich fotografieren	ဓာတ်ပုံရိုက်သည်	da' poun jai' te

TRANSPORT

23. Flughafen

Flughafen (m)	လေဆိပ်	lei zi'
Flugzeug (n)	လေယာဉ်	lei jan
Fluggesellschaft (f)	လေကြောင်း	lei gjaun:
Fluglotse (m)	လေကြောင်းထိန်း	lei kjaun: din:
Abflug (m)	ထွက်ခွာရာ	htwe' khwa ja
Ankunft (f)	ဆိုက်ရောက်ရာ	hseu' jau' ja
anfliegen (vi)	ဆိုက်ရောက်သည်	hsai' jau' te
Abflugzeit (f)	ထွက်ခွာချိန်	htwe' khwa gjein
Ankunftszeit (f)	ဆိုက်ရောက်ချိန်	hseu' jau' chein
sich verspäten	နောက်ကျသည်	nau' kja. de
Abflugverspätung (f)	လေယာဉ်နောက်ကျခြင်း	lei jan nau' kja. chin:
Anzeigetafel (f)	လေယာဉ်ရေးစဉ်ပြဘုတ်	lei jan ga. ji: zi bja. bou'
Information (f)	သတင်းအချက်အလက်	dhadin: akje' ale'
ankündigen (vt)	ကြေညာသည်	kjei nja de
Flug (m)	ပျံသန်းမှု	pjan dan: hmu.
Zollamt (n)	အကောက်ဆိပ်	akau' hsein
Zollbeamter (m)	အကောက်ခွန်အရာရှိ	akau' khun aja shi.
Zolldeklaration (f)	အကောက်ခွန်ကြေညာချက်	akau' khun gjei nja gje'
ausfüllen (vt)	လျှောက်လွှာဖြည့်သည်	shau' hlwa bji. de
die Zollerklärung ausfüllen	သယ်ယူပစ္စည်းစာရင်း ကြေညာသည်	the ju pji' si: zajin: kjei nja de
Passkontrolle (f)	ပတ်စ်ပို့ထိန်းချုပ်မှု	pa's pou. htein: gju' hmu.
Gepäck (n)	ဝန်စည်စလယ်	wun zi za. li
Handgepäck (n)	လက်ဆွဲပစ္စည်း	le' swe: pji' si:
Kofferkuli (m)	ပစ္စည်းတင်သည့်လှည်း	pji' si: din dhe. hle:
Landung (f)	ဆင်းသက်ခြင်း	hsin: dha' chin:
Landebahn (f)	အဆင်းလမ်း	ahsin: lan:
landen (vi)	ဆင်းသက်သည်	hsin: dha' te
Fluggasttreppe (f)	လေယာဉ်လှေကား	lei jan hlei ka:
Check-in (n)	စာရင်းသွင်းခြင်း	sajin: dhwin: gjin:
Check-in-Schalter (m)	စာရင်းသွင်းအကောင်တာ	sajin: gaun da
sich registrieren lassen	စာရင်းသွင်းသည်	sajin: dhwin: de
Bordkarte (f)	လေယာဉ်ပေါ်တက်ခွင့်လက်မှတ်	lei jan bo de' khwin. le' hma'
Abfluggate (n)	လေယာဉ်ထွက်ခွာရာဂိတ်	lei jan dwe' khwa ja gei'
Transit (m)	အကူးအပြောင်း	aku: apjaun:
warten (vi)	စောင့်သည်	saun. de

Wartesaal (m)	ထွက်ရွာရာခန်းမ	htwe' kha ja gan: ma.
begleiten (vt)	လိုက်ပို့သည်	lai' bou. de
sich verabschieden	နှုတ်ဆက်သည်	hnou' hsei' te

24. Flugzeug

Flugzeug (n)	လေယာဉ်	lei jan
Flugticket (n)	လေယာဉ်လက်မှတ်	lei jan le' hma'
Fluggesellschaft (f)	လေကြောင်း	lei gjaun:
Flughafen (m)	လေဆိပ်	lei zi'
Überschall-	အသံထက်မြန်သော	athan de' mjan de.

Flugkapitän (m)	လေယာဉ်မှူး	lei jan hmu:
Besatzung (f)	လေယာဉ်အမှုထမ်းအဖွဲ့	lei jan ahmu. dan: ahpwe.
Pilot (m)	လေယာဉ်မောင်းသူ	lei jan maun dhu
Flugbegleiterin (f)	လေယာဉ်မယ်	lei jan me
Steuermann (m)	လေကြောင်းပြ	lei gjaun: bja.

Flügel (pl)	လေယာဉ်တောင်ပံ	lei jan daun ban
Schwanz (m)	လေယာဉ်အမြီး	lei jan amji:
Kabine (f)	လေယာဉ်မောင်းအခန်း	lei jan maun akhan:
Motor (m)	အင်ဂျင်	in gjin
Fahrgestell (n)	အောက်ခံတောင်	au' khan baun
Turbine (f)	တာဘိုင်	ta bain

| Propeller (m) | ပန်ကာ | pan ga |
| Flugschreiber (m) | ဘလက်ဘော့ | ba. le' bo' |

| Steuerrad (n) | ပဲ့ကိုင်ဘီး | pe. gain bi: |
| Treibstoff (m) | လောင်စာ | laun za |

Sicherheitskarte (f)	အရေးပေါ်လုံခြုံရေးညွှန်ကြားစာ	ajei: po' choun loun jei: hnjun gja: za
Sauerstoffmaske (f)	အောက်ဆီဂျင်မျက်နှာဖုံး	au' hsi gjin mje' hna hpoun:
Uniform (f)	ယူနီဖောင်း	ju ni hpaun:

| Rettungsweste (f) | အသက်ကယ်အကျိ | athe' kai in: gji |
| Fallschirm (m) | လေထီး | lei di: |

Abflug, Start (m)	ထွက်ရှိခြင်း	htwe' khwa gjin:
starten (vi)	ပျံတက်သည်	pjan de' te
Startbahn (f)	လေယာဉ်ပြေးလမ်း	lei jan bei: lan:

| Sicht (f) | မြင်ကွင်း | mjin gwin: |
| Flug (m) | ပျံသန်းခြင်း | pjan dan: gjin: |

| Höhe (f) | အမြင့် | amjin. |
| Luftloch (n) | လေမြှုပ်အရပ် | lei ma ngjin aja' |

Platz (m)	ထိုင်ခုံ	htain goun
Kopfhörer (m)	နားကြပ်	na: kja'
Klapptisch (m)	ခေါက်စားပွဲ	khau' sa: bwe:
Bullauge (n)	လေယာဉ်ပြတင်းပေါက်	lei jan bja. din: bau'
Durchgang (m)	မင်းလမ်း	min: lan:

25. Zug

Zug (m)	ရထား	jatha:
elektrischer Zug (m)	လျပ်စစ်ဓာတ်အားသုံးရထား	hlja' si' da' a: dhou: ja da:
Schnellzug (m)	အမြန်ရထား	aman ja. hta:
Diesellok (f)	ဒီဇယ်ရထား	di ze ja da:
Dampflok (f)	ရေနွေးငွေ့စက်ခေါင်း	jei nwei: ngwei. ze' khaun:

Personenwagen (m)	အတွဲ	atwe:
Speisewagen (m)	စားသောက်တွဲ	sa: thau' thwe:

Schienen (pl)	ရထားသံလမ်း	jatha dhan lan:
Eisenbahn (f)	ရထားလမ်း	jatha: lan:
Bahnschwelle (f)	ဇလီဖားတုံး	zali ba: doun

Bahnsteig (m)	စကြံ	sin gjan
Gleis (n)	ရထားစကြံ	jatha zin gjan
Eisenbahnsignal (n)	မီးပြိုင်	mi: bwain.
Station (f)	ဘူတာရုံ	bu da joun

Lokomotivführer (m)	ရထားမောင်းသူ	jatha: maun: dhu
Träger (m)	အထမ်းသမား	a htan: dha. ma:
Schaffner (m)	အစောင့်	asaun.
Fahrgast (m)	ခရီးသည်	khaji: de
Fahrkartenkontrolleur (m)	လက်မှတ်စစ်ဆေးသူ	le' hma' ti' hsei: dhu:

Flur (m)	ကော်ရစ်တာ	ko ji' ta
Notbremse (f)	အရေးပေါ်ဘရိတ်	ajei: po' ba ji'

Abteil (n)	အခန်း	akhan:
Liegeplatz (m), Schlafkoje (f)	အိပ်ဝင်	ei' zin
oberer Liegeplatz (m)	အပေါ်ထပ်အိပ်ဝင်	apo htap ei' sin
unterer Liegeplatz (m)	အောက်ထပ်အိပ်ဝင်	au' hta' ei' sin
Bettwäsche (f)	အိပ်ရာခင်း	ei' ja khin:

Fahrkarte (f)	လက်မှတ်	le' hma'
Fahrplan (m)	အချိန်ဇယား	achein zaja:
Anzeigetafel (f)	အချက်အလက်ပြနေရာ	ache' ale' pja. nei ja

abfahren (der Zug)	ထွက်ခွါသည်	htwe' khwa de
Abfahrt (f)	အထွက်	a htwe'
ankommen (der Zug)	ဆိုက်ရောက်သည်	hseu' jau' de
Ankunft (f)	ဆိုက်ရောက်ရာ	hseu' jau' ja

mit dem Zug kommen	မီးရထားဖြင့်ရောက်ရှိသည်	mi: ja. da: bjin. jau' shi. de
in den Zug einsteigen	မီးရထားပီးသည်	mi: ja. da: zi: de
aus dem Zug aussteigen	မီးရထားမှဆင်းသည်	mi: ja. da: hma. zin: de

Zugunglück (n)	ရထားတိုက်ခြင်း	jatha: dai' chin:
entgleisen (vi)	ရထားလမ်းချော်သည်	jatha: lan: gjo de

Dampflok (f)	ရေနွေးငွေ့စက်ခေါင်း	jei nwei: ngwei. ze' khaun:
Heizer (m)	မီးထိုးသမား	mi: dou: dhama:
Feuerbüchse (f)	မီးဖို	mi: bou
Kohle (f)	ကျောက်မီးသွေး	kjau' mi dhwei:

26. Schiff

Schiff (n)	သင်္ဘော	thin: bo:
Fahrzeug (n)	ရေယာဉ်	jei jan
Dampfer (m)	မီးသင်္ဘော	mi: dha. bo:
Motorschiff (n)	အပျော်စီးမော်တော်ဘုတ်ငယ်	apjo zi: mo do bou' nge
Kreuzfahrtschiff (n)	ပင်လယ်အပျော်စီးသင်္ဘော	pin le apjo zi: dhin: bo:
Kreuzer (m)	လေယာဉ်တင်သင်္ဘော	lei jan din
Jacht (f)	အပျော်စီးရွက်လှေ	apjo zi: jwe' hlei
Schlepper (m)	ဆွဲသင်္ဘော	hswe: thin: bo:
Lastkahn (m)	ဖောင်	hpaun
Fähre (f)	ကူးတို့သင်္ဘော	gadou. thin: bo:
Segelschiff (n)	ရွက်သင်္ဘော	jwe' thin: bo:
Brigantine (f)	ရွက်လှေ	jwe' hlei
Eisbrecher (m)	ရေခဲပြင်ခွဲသင်္ဘော	jei ge: bjin gwe: dhin: bo:
U-Boot (n)	ရေငုပ်သင်္ဘော	jei ngou' thin: bo:
Boot (n)	လှေ	hlei
Dingi (n), Beiboot (n)	ရော်ဘာလှေ	jo ba hlei
Rettungsboot (n)	အသက်ကယ်လှေ	athe' kai hlei
Motorboot (n)	မော်တော်ဘုတ်	mo to bou'
Kapitän (m)	ရေယာဉ်မှူး	jei jan hmu:
Matrose (m)	သင်္ဘောသား	thin: bo: dha:
Seemann (m)	သင်္ဘောသား	thin: bo: dha:
Besatzung (f)	သင်္ဘောအမှုထမ်းအဖွဲ့	thin: bo: ahmu. htan: ahpwe.
Bootsmann (m)	ရေတပ်အရာရှိငယ်	jei da' aja shi. nge
Schiffsjunge (m)	သင်္ဘောသားကလေး	thin: bo: dha: galei:
Schiffskoch (m)	ထမင်းချက်	htamin: gje'
Schiffsarzt (m)	သင်္ဘောဆရာဝန်	thin: bo: zaja wun
Deck (n)	သင်္ဘောကုန်းပတ်	thin: bo: koun: ba'
Mast (m)	ရွက်တိုင်	jwe' tai'
Segel (n)	ရွက်	jwe'
Schiffsraum (m)	ဝမ်းတွင်း	wan: twin:
Bug (m)	ဦးစွန်း	u: zun:
Heck (n)	ပဲ့ပိုင်း	pe. bain:
Ruder (n)	လှော်တက်	hlo de'
Schraube (f)	သင်္ဘောပန်ကာ	thin: bo: ban ga
Kajüte (f)	သင်္ဘောပေါ်မှအခန်း	thin: bo: bo hma. aksan:
Messe (f)	အရာရှိများရိပ်သာ	aja shi. mja: jin dha
Maschinenraum (m)	စက်ခန်း	se' khan:
Kommandobrücke (f)	ကွပ်ကဲခန်း	ku' ke: khan:
Funkraum (m)	ရေဒီယိုခန်း	rei di jou gan:
Radiowelle (f)	လှိုင်း	hlain:
Schiffstagebuch (n)	မှတ်တမ်းစာအုပ်	hma' tan: za ou'
Fernrohr (n)	အဝေးကြည့်မှန်ပြောင်း	awei: gji. hman bjaun:
Glocke (f)	ခေါင်းလောင်း	gaun: laun:

Fahne (f)	အလံ	alan
Seil (n)	သင်္ဘောသုံးလွန်ကြိုး	thin: bo: dhaun: lun gjou:
Knoten (m)	ကြိုးထုံး	kjou: htoun:

| Geländer (n) | လက်ရန်း | le' jan |
| Treppe (f) | သင်္ဘောကုန်းဖေါင် | thin: bo: koun: baun |

Anker (m)	ကျောက်ဆူး	kjau' hsu:
den Anker lichten	ကျောက်ဆူးနုတ်သည်	kjau' hsu: nou' te
Anker werfen	ကျောက်ချသည်	kjau' cha. de
Ankerkette (f)	ကျောက်ဆူးကြိုး	kjau' hsu: kjou:

Hafen (m)	ဆိပ်ကမ်း	hsi' kan:
Anlegestelle (f)	သင်္ဘောဆိပ်	thin: bo: zei'
anlegen (vi)	ဆိုက်ကပ်သည်	hseu' ka' de
abstoßen (vt)	စွန့်ပစ်သည်	sun. bi' de

Reise (f)	ခရီးထွက်ခြင်း	khaji: htwe' chin:
Kreuzfahrt (f)	အပျော်ခရီး	apjo gaji:
Kurs (m), Richtung (f)	ဦးတည်ရာ	u: ti ja
Reiseroute (f)	လမ်းကြောင်း	lan: gjaun:

Fahrwasser (n)	သင်္ဘောရေကြောင်း	thin: bo: jei gjaun:
Untiefe (f)	ရေတိမ်ပိုင်း	jei dein bain:
stranden (vi)	ကမ်းကပ်သည်	kan ka' te

Sturm (m)	မုန်တိုင်း	moun dain:
Signal (n)	အချက်ပြ	ache' pja.
untergehen (vi)	နစ်မြုပ်သည်	ni' mjou' te
Mann über Bord!	လူရေထဲကျ	lu jei de: gja
SOS	အက်စ်အိုအက်စ်	e's o e's
Rettungsring (m)	အသက်ကယ်ဘော	athe' kai bo

STADT

Bus (m)	ဘတ်စ်ကား	ba's ka:
Straßenbahn (f)	ဓာတ်ရထား	da' ja hta:
Obus (m)	ဓာတ်ကား	da' ka:
Linie (f)	လမ်းကြောင်း	lan: gjaun:
Nummer (f)	ကားနံပါတ်	ka: nan ba'

mit ... fahren	ယဉ်စီးသည်	jin zi: de
einsteigen (vi)	ထိုင်သည်	htain de
aussteigen (aus dem Bus)	ကားပေါ်မှဆင်းသည်	ka: bo hma. zin: de

Haltestelle (f)	မှတ်တိုင်	hma' tain
nächste Haltestelle (f)	နောက်မှတ်တိုင်	nau' hma' tain
Endhaltestelle (f)	အဆုံးမှတ်တိုင်	ahsoun: hma' tain
Fahrplan (m)	အချိန်ဇယား	achein zaja:
warten (vi, vt)	စောင့်သည်	saun. de

Fahrkarte (f)	လက်မှတ်	le' hma'
Fahrpreis (m)	ယာဉ်စီးခ	jin zi: ga.

Kassierer (m)	ငွေကိုင်	ngwei gain
Fahrkartenkontrolle (f)	လက်မှတ်စစ်ဆေးခြင်း	le' hma' ti' hsei: chin
Fahrkartenkontrolleur (m)	လက်မှတ်စစ်ဆေးသူ	le' hma' ti' hsei: dhu:

sich verspäten	နောက်ကျသည်	nau' kja. de
versäumen (Zug usw.)	ကားဆနောက်ကျသည်	ka: nau' kja de
sich beeilen	အမြန်လုပ်သည်	aman lou' de

Taxi (n)	တက္ကစီ	te' kasi
Taxifahrer (m)	တက္ကစီမောင်းသူ	te' kasi maun: dhu
mit dem Taxi	တက္ကစီဖြင့်	te' kasi hpjin.
Taxistand (m)	တက္ကစီရပ်ရပ်	te' kasi zu. ja'
ein Taxi rufen	တက္ကစီခေါ်သည်	te' kasi go de
ein Taxi nehmen	တက္ကစီငှားသည်	te' kasi hnga: de

Straßenverkehr (m)	ယာဉ်အသွားအလာ	jin athwa: ala
Stau (m)	ယာဉ်ကြောပိတ်ဆို့မှု	jin gjo: bei' hsou. hmu.
Hauptverkehrszeit (f)	အလုပ်ဆင်းချိန်	alou' hsin: gjain
parken (vi)	ယာဉ်ရပ်နားရန်နေရာယူသည်	jin ja' na: jan nei ja ju de
parken (vt)	ကားအားပါကင်ထိုးသည်	ka: a: pa kin dou: de
Parkplatz (m)	ပါကင်	pa gin

U-Bahn (f)	မြေအောက်ဥမင်လမ်း	mjei au' u. min lan:
Station (f)	ဘူတာရှိ	bu da joun
mit der U-Bahn fahren	မြေအောက်ရထားဖြင့်သွားသည်	mjei au' ja. da: bjin. dhwa: de
Zug (m)	ရထား	jatha:
Bahnhof (m)	ရထားဘူတာရှိ	jatha: buda joun

35

28. Stadt. Leben in der Stadt

Stadt (f)	မြို့	mjou.
Hauptstadt (f)	မြို့တော်	mjou. do
Dorf (n)	ရွာ	jwa
Stadtplan (m)	မြို့လမ်းညွှန်မြေပုံ	mjou. lan hnjun mjei boun
Stadtzentrum (n)	မြို့လယ်ခေါင်	mjou. le gaun
Vorort (m)	ဆင်ခြေဖုံးအရပ်	hsin gjei aja'
Vorort-	ဆင်ခြေဖုံးအရပ်ဖြစ်သော	hsin gjei hpoun aja' hpa' te.
Stadtrand (m)	မြို့စွန်	mjou. zun
Umgebung (f)	ပတ်ဝန်းကျင်	pa' wun: gjin:
Stadtviertel (n)	စည်ကားရာမြို့လယ်နေရာ	si: ga: ja mjou. le nei ja
Wohnblock (m)	လူနေရပ်ကွက်	lu nei ja' kwe'
Straßenverkehr (m)	ယာဉ်အသွားအလာ	jin athwa: ala
Ampel (f)	မီးပွိုင့်	mi: bwain.
Stadtverkehr (m)	ပြည်သူပိုင်ခရီးသွား ပို့ဆောင်ရေး	pji dhu bain gaji: dhwa: bou. zaun jei:
Straßenkreuzung (f)	လမ်းဆုံ	lan: zoun
Übergang (m)	လူကူးမျဉ်းကြား	lu gu: mji: gja:
Fußgängerunterführung (f)	မြေအောက်လမ်းကူး	mjei au' lan: gu:
überqueren (vt)	လမ်းကူးသည်	lan: gu: de
Fußgänger (m)	လမ်းသွားလမ်းလာ	lan: dhwa: lan: la
Gehweg (m)	လူသွားလမ်း	lu dhwa: lan:
Brücke (f)	တံတား	dada:
Kai (m)	ကမ်းနားတမံ	kan: na: da. man
Springbrunnen (m)	ရေပန်း	jei ban:
Allee (f)	ရိပ်သာလမ်း	jei' tha lan:
Park (m)	ပန်းခြံ	pan: gjan
Boulevard (m)	လမ်းငယ်	lan: ge
Platz (m)	ရင်ပြင်	jin bjin
Avenue (f)	လမ်းမကြီး	lan: mi. gji:
Straße (f)	လမ်း	lan:
Gasse (f)	လမ်းသွယ်	lan: dhwe
Sackgasse (f)	လမ်းဆုံး	lan: zoun:
Haus (n)	အိမ်	ein
Gebäude (n)	အဆောက်အဦ	ahsau' au
Wolkenkratzer (m)	မိုးမျှော်တိုက်	mou: hmjo tou'
Fassade (f)	အိမ်ရှေ့နံရံ	ein shei. nan jan
Dach (n)	အမိုး	amou:
Fenster (n)	ပြတင်းပေါက်	badin: pau'
Bogen (m)	မုခ်ဝ	mou' wa.
Säule (f)	တိုင်	tain
Ecke (f)	ထောင့်	htaun.
Schaufenster (n)	ဆိုင်ရှေ့ပစ္စည်း အခင်းအကျင်း	hseun shei. bji' si: akhin: akjin:
Firmenschild (n)	ဆိုင်းဘုတ်	hsain: bou'

Anschlag (m)	ပို့စတာ	pou sata
Werbeposter (m)	ကြော်ငြာပို့စတာ	kjo nja bou sata
Werbeschild (n)	ကြော်ငြာဆိုင်းဘုတ်	kjo nja zain: bou'

Müll (m)	အမှိုက်	ahmai'
Mülleimer (m)	အမှိုက်ပုံး	ahmai' poun:
Abfall wegwerfen	လွှင့်ပစ်သည်	hlwin. bi' te
Mülldeponie (f)	အမှိုက်ပုံ	ahmai' poun

Telefonzelle (f)	တယ်လီဖုန်းဆက်ရန်နေရာ	te li hpoun: ze' jan nei ja
Straßenlaterne (f)	လမ်းမီး	lan: mi:
Bank (Park-)	နံတန်းရှည်	khoun dan: shei

Polizist (m)	ရဲ	je:
Polizei (f)	ရဲ	je:
Bettler (m)	သူတောင်းစား	thu daun: za:
Obdachlose (m)	အိမ်ယာမဲ့	ein ja me.

29. Innerstädtische Einrichtungen

Laden (m)	ဆိုင်	hsain
Apotheke (f)	ဆေးဆိုင်	hsei: zain
Optik (f)	မျက်မှန်ဆိုင်	mje' hman zain
Einkaufszentrum (n)	ဈေးဝင်စင်တာ	zei: wun zin da
Supermarkt (m)	ကုန်တိုက်ကြီး	koun dou' kji:

Bäckerei (f)	မုန့်တိုက်	moun. dai'
Bäcker (m)	ပေါင်မုန့်ဖုတ်သူ	paun moun. bou' dhu
Konditorei (f)	မုန့်ဆိုင်	moun. zain
Lebensmittelladen (m)	ကုန်စုံဆိုင်	koun zoun zain
Metzgerei (f)	အသားဆိုင်	atha: ain

| Gemüseladen (m) | ဟင်းသီးဟင်းရွက်ဆိုင် | hin: dhi: hin: jwe' hsain |
| Markt (m) | ဈေး | zei: |

Kaffeehaus (n)	ကော်ဖီဆိုင်	ko hpi zain
Restaurant (n)	စားသောက်ဆိုင်	sa: thau' hsain
Bierstube (f)	ဘီယာဆိုင်	bi ja zain:
Pizzeria (f)	ပီဇာမုန့်.ဆိုင်	pi za moun. zain

Friseursalon (m)	ဆံပင်ညှပ်ဆိုင်	zain hnja' hsain
Post (f)	စာတိုက်	sa dai'
chemische Reinigung (f)	အဝတ်အခြောက်လျော်လုပ်ငန်း	awu' achou' hlo: lou' ngan:
Fotostudio (n)	ဓာတ်ပုံရိုက်ခန်း	da' poun jai' khan:

Schuhgeschäft (n)	ဖိနပ်ဆိုင်	hpana' sain
Buchhandlung (f)	စာအုပ်ဆိုင်	sa ou' hsain
Sportgeschäft (n)	အားကစားပစ္စည်းဆိုင်	a: gaza: pji' si: zain

Kleiderreparatur (f)	စက်ပြင်ဆိုင်	se' pjin zain
Bekleidungsverleih (m)	ဝတ်စုံအငှားဆိုင်	wa' zoun ahnga: zain
Videothek (f)	အခွေငှားဆိုင်	akhwei hnga: zain:
Zirkus (m)	ဆပ်ကပ်	hsa' ka'
Zoo (m)	တိရစ္ဆာန်ဥယျာဉ်	tharei' hsan u. jin

Kino (n)	ရုပ်ရှင်ရုံ	jou' shin joun
Museum (n)	ပြတိုက်	pja. dai'
Bibliothek (f)	စာကြည့်တိုက်	sa gji. dai'

Theater (n)	ကဇာတ်ရုံ	ka. za' joun
Opernhaus (n)	အော်ပရာဇာတ်ရုံ	o pa ra za' joun
Nachtklub (m)	နိက်ကလပ်	nai' ka. la'
Kasino (n)	လောင်းကစားရုံ	laun: gaza: joun

Moschee (f)	ဗလီ	bali
Synagoge (f)	ရှူဟူဒိဘုရား ရှိုးကျောင်း	ja. hu di bu. ja: shi. gou: gjaun:
Kathedrale (f)	ဘုရားရှိုးကျောင်းတော်	hpaja: gjaun: do:
Tempel (m)	ဘုရားကျောင်း	hpaja: gjaun:
Kirche (f)	ဘုရားကျောင်း	hpaja: gjaun:

Institut (n)	တက္ကသိုလ်	te' kathou
Universität (f)	တက္ကသိုလ်	te' kathou
Schule (f)	စာသင်ကျောင်း	sa dhin gjaun:

Präfektur (f)	စီရင်စုနယ်	si jin zu. ne
Rathaus (n)	မြို့တော်ခန်းမ	mjou. do gan: ma.
Hotel (n)	ဟိုတယ်	hou te
Bank (f)	ဘဏ်	ban

Botschaft (f)	သံရုံး	than joun:
Reisebüro (n)	ခရီးသွားလုပ်ငန်း	khaji: thwa: lou' ngan:
Informationsbüro (n)	သတင်းအချက်အလက်ဌာန	dhadin: akje' ale' hta. na.
Wechselstube (f)	ငွေလဲရန်နေရာ	ngwei le: jan nei ja

| U-Bahn (f) | မြေအောက်ဉမင်လမ်း | mjei au' u. min lan: |
| Krankenhaus (n) | ဆေးရုံ | hsei: joun |

| Tankstelle (f) | ဆီဆိုင် | hsi: zain |
| Parkplatz (m) | ကားပါကင် | ka: pa kin |

30. Schilder

Firmenschild (n)	ဆိုင်းဘုတ်	hsain: bou'
Aufschrift (f)	သတိပေးစာ	dhadi. pei: za
Plakat (n)	ပိုစတာ	pou sata
Wegweiser (m)	လမ်းညွှန်	lan: hnjun
Pfeil (m)	လမ်းညွှန်မြား	lan: hnjun hmja:

Vorsicht (f)	သတိပေးခြင်း	dhadi. pei: gjin:
Warnung (f)	သတိပေးချက်	dhadi. pei: gje'
warnen (vt)	သတိပေးသည်	dhadi. pei: de

freier Tag (m)	ရုံးပိတ်ရက်	joun: bei' je'
Fahrplan (m)	အချိန်ဇယား	achein zaja:
Öffnungszeiten (pl)	ဖွင့်ချိန်	hpwin. gjin

| HERZLICH WILLKOMMEN! | ကြိုဆိုပါသည် | kjou hsou ba de |
| EINGANG | ဝင်ပေါက် | win bau' |

AUSGANG	ထွက်ပေါက်	htwe' pau'
DRÜCKEN	တွန်းသည်	tun: de
ZIEHEN	ဆွဲသည်	hswe: de
GEÖFFNET	ဖွင့်သည်	hpwin. de
GESCHLOSSEN	ပိတ်သည်	pei' te

DAMEN, FRAUEN	အမျိုးသမီးသုံး	amjou: dhami: dhoun:
HERREN, MÄNNER	အမျိုးသားသုံး	amjou: dha: dhoun:

AUSVERKAUF	လျှော့ရေး	sho. zei:
REDUZIERT	လျှော့ရေး	sho. zei:
NEU!	အသစ်	athi'
GRATIS	အခမဲ့	akha me.

ACHTUNG!	သတိ	thadi.
ZIMMER BELEGT	အလွတ်မရှိ	alu' ma shi.
RESERVIERT	ကြိုတင်မှာယူထား၍	kjou tin hma ju da: bji:

VERWALTUNG	စီမံအုပ်ချုပ်ခြင်း	si man ou' chou' chin:
NUR FÜR PERSONAL	အမှုထမ်းအတွက်အသာ	ahmu. htan: atwe' atha

VORSICHT BISSIGER HUND	ခွေးကိုက်တတ်သည်	khwei: kai' ta' te
RAUCHEN VERBOTEN!	ဆေးလိပ်မသောက်ရ	hsei: lei' ma. dhau' ja.
BITTE NICHT BERÜHREN	မထိရ	ma. di. ja.

GEFÄHRLICH	အန္တရာယ်ရှိသည်	an dare shi. de.
VORSICHT!	အန္တရာယ်	an dare
HOCHSPANNUNG	ို့အားပြင်း	bou. a: bjin:
BADEN VERBOTEN	ရေမကူးရ	jei ma. gu: ja.
AUßER BETRIEB	ပျက်နေသည်	pje' nei de

LEICHTENTZÜNDLICH	မီးလောင်တတ်သည်	mi: laun da' te
VERBOTEN	တားမြစ်သည်	ta: mji' te
DURCHGANG VERBOTEN	မကျူးကျော်ရ	ma. gju: gjo ja
FRISCH GESTRICHEN	ဆေးမခြောက်သေး	hsei: ma. gjau' dhei:

31. Shopping

kaufen (vt)	ဝယ်သည်	we de
Einkauf (m)	ဝယ်စရာ	we zaja
einkaufen gehen	ဈေးဝယ်ထွက်ခြင်း	zei: we htwe' chin:
Einkaufen (n)	ရှော့ပင်း	sho. bin:

offen sein (Laden)	ဆိုင်ဖွင့်သည်	hsain bwin. de
zu sein	ဆိုင်ပိတ်သည်	hseun bi' te

Schuhe (pl)	ဖိနပ်	hpana'
Kleidung (f)	အဝတ်အစား	awu' aza:
Kosmetik (f)	အလှကုန်ပစ္စည်း	ahla. koun pji' si:
Lebensmittel (pl)	စားသောက်ကုန်	sa: thau' koun
Geschenk (n)	လက်ဆောင်	le' hsaun
Verkäufer (m)	ရောင်းသူ	jaun: dhu
Verkäuferin (f)	ရောင်းသူ	jaun: dhu

Kasse (f)	ငွေရှင်းရန်နေရာ	ngwei shin: jan nei ja
Spiegel (m)	မှန်	hman
Ladentisch (m)	ကောင်တာ	kaun da
Umkleidekabine (f)	အဝတ်လဲခန်း	awu' le: gan:

anprobieren (vt)	တိုင်းကြည့်သည်	tain: dhi. de
passen (Schuhe, Kleid)	သင့်တော်သည်	thin. do de
gefallen (vi)	ကြိုက်သည်	kjai' de

Preis (m)	ဈေးနှုန်း	zei: hnan:
Preisschild (n)	ဈေးနှုန်းကတ်ပြား	zei: hnan: ka' pja:
kosten (vt)	ကုန်ကျသည်	koun mja. de
Wie viel?	ဘယ်လောက်လဲ	be lau' le:
Rabatt (m)	လျှော့ဈေး	sho. zei:

preiswert	ဈေးမကြီးသော	zei: ma. kji: de.
billig	ဈေးပေါသော	zei: po: de.
teuer	ဈေးကြီးသော	zei: kji: de.
Das ist teuer	ဒါဈေးကြီးတယ်	da zei: gji: de

Verleih (m)	ငှားရမ်းခြင်း	hna: jan: chin:
leihen, mieten (ein Auto usw.)	ငှားရမ်းသည်	hna: jan: de
Kredit (m), Darlehen (n)	အကြွေးစနစ်	akjwei: sani'
auf Kredit	အကြွေးစနစ်ဖြင့်	akjwei: sa ni' hpjin.

KLEIDUNG & ACCESSOIRES

32. Oberbekleidung. Mäntel

Kleidung (f)	အဝတ်အစား	awu' aza:
Oberkleidung (f)	အပေါ်ဝတ်အကျီ	apo we' in: gji
Winterkleidung (f)	ဆောင်းတွင်းဝတ်အဝတ်အစား	hsaun: dwin: wu' awu' asa:
Mantel (m)	ကုတ်အကျီရှည်	kou' akji shi
Pelzmantel (m)	သားမွေးအနွေးထည်	tha: mwei: anwei: de
Pelzjacke (f)	အမွေးပွအပေါ်အကျီ	ahmwei pwa po akji.
Daunenjacke (f)	ငှက်မွေးကုတ်အကျီ	hnge' hmwei: kou' akji.
Jacke (z.B. Lederjacke)	အပေါ်အကျီ	apo akji.
Regenmantel (m)	မိုးကာအကျီ	mou: ga akji
wasserdicht	ရေလုံသော	jei loun de.

33. Herren- & Damenbekleidung

Hemd (n)	ရှပ်အကျီ	sha' in gji
Hose (f)	ဘောင်းဘီ	baun: bi
Jeans (pl)	ဂျင်းဘောင်းဘီ	gjin: bain: bi
Jackett (n)	အပေါ်အကျီ	apo akji.
Anzug (m)	အနောက်တုပ်င်းဝတ်စုံ	anau' tain: wu' saun
Damenkleid (n)	ဂါဝန်	ga wun
Rock (m)	စကတ်	saka'
Bluse (f)	ဘလောက်စ်အကျီ	ba. lau' s in: gji
Strickjacke (f)	ကြယ်သီးပါသော အနွေးထည်	kje dhi: ba de. anwei: dhe
Jacke (Damen Kostüm)	အပေါ်ဖုံးအကျီ	apo hpoun akji.
T-Shirt (n)	တီရှပ်	ti shi'
Shorts (pl)	ဘောင်းဘီတို	baun: bi dou
Sportanzug (m)	အားကစားဝတ်စုံ	a: gaza: wu' soun
Bademantel (m)	ရေချိုးခန်းဝတ်စုံ	jei gjou: gan: wu' soun
Schlafanzug (m)	ညအိပ်ဝတ်စုံ	nja a' wu' soun
Sweater (m)	ဆွယ်တာ	hswe da
Pullover (m)	ဆွယ်တာ	hswe da
Weste (f)	ဝစ်ကုတ်	wi' kou'
Frack (m)	တေးလ်ကုတ်အကျီ	tei: l kou' in: gji
Smoking (m)	ညစာစားပွဲဝတ်စုံ	nja. za za: bwe: wu' soun
Uniform (f)	တူညီဝတ်စုံ	tu nji wa' soun
Arbeitskleidung (f)	အလုပ်ဝင် ဝတ်စုံ	alou' win wu' zoun
Overall (m)	စက်ရုံဝတ်စုံ	se' joun wu' soun
Kittel (z.B. Arztkittel)	ဂျူတီကုတ်	gju di gou'

34. Kleidung. Unterwäsche

Unterwäsche (f)	အတွင်းခံ	atwin: gan
Herrenslip (m)	ယောက်ျားဝတ်အတွင်းခံ	jau' kja: wu' atwin: gan
Damenslip (m)	မိန်းကလေးဝတ်အတွင်းခံ	mein: galei: wa' atwin: gan
Unterhemd (n)	စွပ်ကျယ်	su' kje
Socken (pl)	ခြေအိတ်များ	chei ei' mja:
Nachthemd (n)	ညအိပ်ဝါဝန်ရှည်	nja a' ga wun she
Büstenhalter (m)	ဘရာစီယာ	ba ra si ja
Kniestrümpfe (pl)	ခြေအိတ်ရှည်	chei ei' shi
Strumpfhose (f)	အသားကပ်ဘောင်းဘီရှည်	atha: ka' baun: bi shei
Strümpfe (pl)	စတော့ကင်	sato. kin
Badeanzug (m)	ရေကူးဝတ်စုံ	jei ku: wa' zoun

35. Kopfbekleidung

Mütze (f)	ဦးထုပ်	u: htou'
Filzhut (m)	ဦးထုပ်ပျော့	u: htou' pjo.
Baseballkappe (f)	ရှာထိုးဦးထုပ်	sha dou: u: dou'
Schiebermütze (f)	လူကြီးဆောင်းဦးထုပ်ပြား	lu gji: zaun: u: dou' pja:
Baskenmütze (f)	ဘယ်ရီဦးထုပ်	be ji u: htu'
Kapuze (f)	အင်္ကျီတွင်ပါသော ခေါင်းစွပ်	akji. twin pa dho: gaun: zu'
Panamahut (m)	ဦးထုပ်အဝိုင်း	u: htou' awain:
Strickmütze (f)	သိုးမွေးခေါင်းစွပ်	thou: mwei: gaun: zu'
Kopftuch (n)	ခေါင်းစည်းပုဝါ	gaun: zi: bu. wa
Damenhut (m)	အမျိုးသမီးဆောင်းဦးထုပ်	amjou: dhami: zaun: u: htou'
Schutzhelm (m)	ဦးထုပ်အမာ	u: htou' ama
Feldmütze (f)	တပ်မတော်သုံးဦးထုပ်	ta' mado dhoun: u: dou'
Helm (z.B. Motorradhelm)	အမာစားဦးထုပ်	ama za: u: htou'
Melone (f)	ဦးထုပ်လုံး	u: htou' loun:
Zylinder (m)	ဦးထုပ်မြင့်	u: htou' mjin.

36. Schuhwerk

Schuhe (pl)	ဖိနပ်	hpana'
Stiefeletten (pl)	ရှူးဖိနပ်	shu: hpi. na'
Halbschuhe (pl)	မိန်းကလေးဇီးရှူးဖိနပ်	mein: galei: zi: shu: bi. na'
Stiefel (pl)	လည်ရှည်ဖိနပ်	le she bi. na'
Hausschuhe (pl)	အိမ်တွင်းစီးကွင်းထိုးဖိနပ်	ein dwin:
Tennisschuhe (pl)	အားကစားဖိနပ်	a: gaza: bana'
Leinenschuhe (pl)	ပတ္တူဖိနပ်	pa' tu bi. na'
Sandalen (pl)	ကြိုးသိုင်းဖိနပ်	kjou: dhain: bi. na'
Schuster (m)	ဖိနပ်ချုပ်သမား	hpana' chou' tha ma:
Absatz (m)	ဒေါက်	dau'

Paar (n)	အစုံ	asoun.
Schnürsenkel (m)	ဖိနပ်ကြိုး	hpana' kjou:
schnüren (vt)	ဖိနပ်ကြိုးချည်သည်	hpana' kjou: gjin de
Schuhlöffel (m)	ဖိနပ်စီးရာသွင်သုံး	hpana' si: ja dhwin dhoun:
	သည့် ဖိနပ်ကော	dhin. hpana' ko
Schuhcreme (f)	ဖိနပ်တိုက်ဆေး	hpana' tou' hsei:

37. Persönliche Accessoires

Handschuhe (pl)	လက်အိတ်	lei' ei'
Fausthandschuhe (pl)	နှစ်ကန့်လက်အိတ်	hni' kan. le' ei'
Schal (Kaschmir-)	မာဖလာ	ma ba, la

Brille (f)	မျက်မှန်	mje' hman
Brillengestell (n)	မျက်မှန်ကိုင်း	mje' hman gain:
Regenschirm (m)	ထီး	hti:
Spazierstock (m)	တုတ်ကောက်	tou' kau'
Haarbürste (f)	ခေါင်းဘီး	gaun: bi:
Fächer (m)	ပန်ကန့်	pan gan

Krawatte (f)	လည်စည်း	le zi:
Fliege (f)	ဖဲပြားပုံလည်စည်း	hpe: bja: boun le zi:
Hosenträger (pl)	ဘောင်းဘီသိုင်းကြိုး	baun: bi dhain: gjou:
Taschentuch (n)	လက်ကိုင်ပုဝါ	le' kain bu. wa

Kamm (m)	ဘီး	bi:
Haarspange (f)	ဆံညှပ်	hsan hnja'
Haarnadel (f)	ကလစ်	kali'
Schnalle (f)	ခါးပတ်ခေါင်း	kha: ba' khaun:

| Gürtel (m) | ခါးပတ် | kha: ba' |
| Umhängegurt (m) | ပုခုံးသိုင်းကြိုး | pu. goun: dhain: gjou: |

Tasche (f)	လက်ကိုင်အိတ်	le' kain ei'
Handtasche (f)	မိန်းကလေးပုခုံးလွယ်အိတ်	mein: galei: bou goun: lwe ei'
Rucksack (m)	ကျောပိုးအိတ်	kjo: bou: ei'

38. Kleidung. Verschiedenes

Mode (f)	ဖက်ရှင်	hpe' shin
modisch	ခေတ်မီသော	khi' mi de.
Modedesigner (m)	ဖက်ရှင်ဒီဇိုင်နာ	hpe' shin di zain na

Kragen (m)	အင်္ကျီကော်လာ	akji. ko la
Tasche (f)	အိတ်ကပ်	ei' ka'
Taschen-	အိတ်ထောင်	ei' hsaun
Ärmel (m)	အင်္ကျီလက်	akji. le'
Aufhänger (m)	အင်္ကျီချိတ်ကွင်း	akji. gjei' kwin:
Hosenschlitz (m)	ဘောင်းဘီလျှာဆက်	baun: bi ja ze'

| Reißverschluss (m) | ဇစ် | zi' |
| Verschluss (m) | ချိတ်စရာ | che' zaja |

Knopf (m)	ကြယ်သီး	kje dhi:
Knopfloch (n)	ကြယ်သီးဖေါက်	kje dhi: bau'
abgehen (Knopf usw.)	ပြုတ်ထွက်သည်	pjou' htwe' te

nähen (vi, vt)	စက်ချုပ်သည်	se' khjou' te
sticken (vt)	ပန်းထိုးသည်	pan: dou: de
Stickerei (f)	ပန်းထိုးခြင်း	pan: dou: gjin:
Nadel (f)	အပ်	a'
Faden (m)	အပ်ချည်	a' chi
Naht (f)	ချုပ်ရိုး	chou' jou:

sich beschmutzen	ညစ်ပေသွားသည်	nji' pei dhwa: de
Fleck (m)	အစွန်းအထင်	aswan: ahtin:
sich knittern	တွန့်ကြေစေသည်	tun. gjei zei de
zerreißen (vt)	ပေါက်ပြဲသွားသည်	pau' pje: dhwa: de
Motte (f)	အဝတ်ပိုးဖလံ	awu' pou: hpa. lan

39. Kosmetikartikel. Kosmetik

Zahnpasta (f)	သွားတိုက်ဆေး	thwa: tai' hsei:
Zahnbürste (f)	သွားတိုက်တံ	thwa: tai' tan
Zähne putzen	သွားတိုက်သည်	thwa: tai' te

Rasierer (m)	သင်တုန်းဓား	thin toun: da:
Rasiercreme (f)	မုတ်ဆိတ်ရိတ် ဆပ်ပြာ	mou' zei' jei' hsa' pja
sich rasieren	ရိတ်သည်	jei' te

Seife (f)	ဆပ်ပြာ	hsa' pja
Shampoo (n)	ခေါင်းလျှော်ရည်	gaun: sho je

Schere (f)	ကတ်ကြေး	ka' kjei:
Nagelfeile (f)	လက်သည်းတိုက်တံစဉ်း	le' the:
Nagelzange (f)	လက်သည်းညှပ်	le' the: hnja'
Pinzette (f)	ဇာဂနာ	za ga. na

Kosmetik (f)	အလှကုန်ပစ္စည်း	ahla. koun pji' si:
Gesichtsmaske (f)	မျက်နာပေါင်းတင်ခြင်း	mje' hna baun: din gjin:
Maniküre (f)	လက်သည်းအလှပြင်ခြင်း	le' the: ahla bjin gjin
Maniküre machen	လက်သည်းအလှပြင်သည်	le' the: ahla bjin de
Pediküre (f)	ခြေသည်းအလှပြင်သည်	chei dhi: ahla. pjin de

Kosmetiktasche (f)	မိတ်ကပ်အိတ်	mi' ka' ei'
Puder (m)	ပေါင်ဒါ	paun da
Puderdose (f)	ပေါင်ဒါဘူး	paun da bu:
Rouge (n)	ပါးနီ	pa: ni

Parfüm (n)	ရေမွှေး	jei mwei:
Duftwasser (n)	ရေမွှေး	jei mwei:
Lotion (f)	လိုးရှင်း	lou shin:
Kölnischwasser (n)	အော်ဒီကလုန်းရေမွှေး	o di ka lun: jei mwei:

Lidschatten (m)	မျက်ခွံဆိုးဆေး	mje' khwan zou: zei:
Kajalstift (m)	အိုင်းလိုင်းနာတောင့်	ain: lain: na daun.
Wimperntusche (f)	မျက်တောင်ခြယ်ဆေး	mje' taun gje zei:

Lippenstift (m)	နုတ်ခမ်းနီ	hna' khan: ni
Nagellack (m)	လက်သည်းဆိုးဆေး	le' the: azou: zei:
Haarlack (m)	ဆံပင်သုံး စပဆေး	zabin dhoun za. ba. jei:
Deodorant (n)	ချွေးနံ့ပျောက်ဆေး	chwei: nan. bjau' hsei:

Creme (f)	ခရင်မ်	khajin m
Gesichtscreme (f)	မျက်နှာခရင်မ်	mje' hna ga. jin m
Handcreme (f)	ဟန်ခရင်မ်	han kha. rin m
Anti-Falten-Creme (f)	အသားဖြောက်ကာကွယ်ဆေး	atha: gjau' ka gwe zei:
Tagescreme (f)	နေ့လိမ်းခရင်မ်	nei. lein: ga jin'm
Nachtcreme (f)	ညလိမ်းခရင်မ်	nja lein: khajinm
Tages-	နေ့လယ်ဘက်သုံးသော	nei. le be' thoun: de.
Nacht-	ညဘက်သုံးသော	nja. be' thoun: de.

Tampon (m)	အဝတာင်	ataun.
Toilettenpapier (n)	အိမ်သာသုံးစက္ကူ	ein dha dhoun: se' ku
Föhn (m)	ဆံပင်အခြောက်ခံစက်	zabin achou' hsan za'

40. Armbanduhren Uhren

Armbanduhr (f)	နာရီ	na ji
Zifferblatt (n)	နာရီဒိုက်ခွက်	na ji dai' hpwe'
Zeiger (m)	နာရီလက်တံ	na ji le' tan
Metallarmband (n)	နာရီကြိုး	na ji gjou:
Uhrenarmband (n)	နာရီကြိုး	na ji gjou:

Batterie (f)	ဓာတ်ခဲ	da' khe:
verbraucht sein	အားကုန်သည်	a: kun de
die Batterie wechseln	ဘတ်ထရီလဲသည်	ba' hta ji le: de
vorgehen (vi)	မြန်သည်	mjan de
nachgehen (vi)	နောက်ကျသည်	nau' kja. de

Wanduhr (f)	တိုင်ကပ်နာရီ	tain ka' na ji
Sanduhr (f)	သဲနာရီ	the: naji
Sonnenuhr (f)	နေနာရီ	nei na ji
Wecker (m)	နိူးစက်	hnou: ze'
Uhrmacher (m)	နာရီပြင်ဆရာ	ma ji bjin zaja
reparieren (vt)	ပြင်သည်	pjin de

ALLTAGSERFAHRUNG

41. Geld

Geld (n)	ပိုက်ဆံ	pai' hsan
Austausch (m)	လဲလှယ်ခြင်း	le: hle gjin:
Kurs (m)	ငွေလဲနှုန်း	ngwei le: hnan:
Geldautomat (m)	အလိုအလျောက်ငွေထုတ်စက်	alou aljau' ngwei htou' se'
Münze (f)	အကြွေစေ့	akjwei zei.
Dollar (m)	ဒေါ်လာ	do la
Euro (m)	ယူရို	ju rou
Lira (f)	အီတလီ လိုင်ရာငွေ	ita. li lain ja ngwei
Mark (f)	ဂျာမန်မတ်ငွေ	gja man ma' ngwei
Franken (m)	ဖရန့်	hpa. jan.
Pfund Sterling (n)	စတာလင်ပေါင်	sata lin baun
Yen (m)	ယန်း	jan:
Schulden (pl)	အကြွေး	akjwei:
Schuldner (m)	မြီစား	mji za:
leihen (vt)	ရေးသည်	chei: de
leihen, borgen (Geld usw.)	အကြွေးယူသည်	akjwei: ju de
Bank (f)	ဘဏ်	ban
Konto (n)	ငွေစာရင်း	ngwei za jin:
einzahlen (vt)	ထည့်သည်	hte de.
auf ein Konto einzahlen	ငွေသွင်းသည်	ngwei dhwin: de
abheben (vt)	ငွေထုတ်သည်	ngwei dou' te
Kreditkarte (f)	အကြွေးဝယ်ကဒ်ပြား	akjwei: we ka' pja
Bargeld (n)	လက်ငင်း	le' ngin:
Scheck (m)	ချက်	che'
einen Scheck schreiben	ချက်ရေးသည်	che' jei: de
Scheckbuch (n)	ချက်စာအုပ်	che' sa ou'
Geldtasche (f)	ပိုက်ဆံအိတ်	pai' hsan ei'
Geldbeutel (m)	ပိုက်ဆံအိတ်	pai' hsan ei'
Safe (m)	မီးခံသေတ္တာ	mi: gan dhi' ta
Erbe (m)	အမွေစားအမွေခံ	amwei za: amwei gan
Erbschaft (f)	အမွေဆက်ခံခြင်း	amwei ze' khan gjin:
Vermögen (n)	အခွင့်အလမ်း	akhwin. alan:
Pacht (f)	အိမ်ငှား	ein hnga:
Miete (f)	အခန်းငှားခ	akhan: hnga: ga
mieten (vt)	ငှားသည်	hnga: de
Preis (m)	ဈေးနှုန်း	zei: hnan:
Kosten (pl)	ကုန်ကျစရိတ်	koun gja. za. ji'

Summe (f)	ပေါင်းလဒ်	paun: la'
ausgeben (vt)	သုံးစွဲသည်	thoun: zwe: de
Ausgaben (pl)	စရိတ်စက	zaei' zaga.
sparen (vt)	ချွေတာသည်	chwei da de
sparsam	တွက်ခြေကိုက်သော	twe' chei kai' te.

zahlen (vt)	ပေးချေသည်	pei: gjei de
Lohn (m)	ပေးချေသည့်ငွေ	pei: gjei de. ngwei
Wechselgeld (n)	ပြန်အမ်းငွေ	pjan an: ngwe

Steuer (f)	အခွန်	akhun
Geldstrafe (f)	ဒက်ငွေ	dan ngwei
bestrafen (vt)	ဒက်ရိုက်သည်	dan jai' de

42. Post. Postdienst

Post (Postamt)	စာတိုက်	sa dai'
Post (Postsendungen)	မေးလ်	mei: l
Briefträger (m)	စာပို့သမား	sa bou. dhama:
Öffnungszeiten (pl)	ဖွင့်ချိန်	hpwin. gjin

Brief (m)	စာ	sa
Einschreibebrief (m)	မှတ်ပုံတင်ပြီးသောစာ	hma' poun din bji: dho: za:
Postkarte (f)	ပို့စကဒ်	pou. sa. ka'
Telegramm (n)	ကြေးနန်း	kjei: nan:
Postpaket (n)	ပါဆယ်	pa ze
Geldanweisung (f)	ငွေလွှဲခြင်း	ngwei hlwe: gjin:

bekommen (vt)	လက်ခံရရှိသည်	le' khan ja. shi. de
abschicken (vt)	ပို့သည်	pou. de
Absendung (f)	ပို့ခြင်း	pou. gjin:
Postanschrift (f)	လိပ်စာ	lei' sa
Postleitzahl (f)	စာပို့သင်္ကေတ	sa bou dhin kei ta.
Absender (m)	ပို့သူ	pou. dhu
Empfänger (m)	လက်ခံသူ	le' khan dhu

Vorname (m)	အမည်	amji
Nachname (m)	မိသားစု မျိုးရိုးနာမည်	mi. dha: zu. mjou: jou: na mji
Tarif (m)	စာပို့ နန်းထား	sa bou. kha. hnan: da:
Standard- (Tarif)	စံနှုန်းသတ်မှတ်ထားသော	san hnoun: dha' hma' hta: de.
Spar- (-tarif)	ကုန်ကျငွေသက်သာသော	koun gja ngwe dhe' dha de.

Gewicht (n)	အလေးချိန်	alei: gjein
abwiegen (vt)	ချိန်သည်	chein de
Briefumschlag (m)	စာအိတ်	sa ei'
Briefmarke (f)	တံဆိပ်ခေါင်း	da zei' khaun:
Briefmarke aufkleben	တံဆိပ်ခေါင်းကပ်သည်	da zei' khaun: ka' te

43. Bankgeschäft

| Bank (f) | ဘက် | ban |
| Filiale (f) | ဘက်ခွဲ | ban gwe: |

Berater (m)	အတိုင်ပင်ခံပုဂ္ဂိုလ်	atain bin gan bou' gou
Leiter (m)	မန်နေဂျာ	man nei gji
Konto (n)	ဘက်ငွေစာရင်း	ban ngwei za jin
Kontonummer (f)	ဘက်စာရင်းနံပါတ်	ban zajin: nan. ba'
Kontokorrent (n)	ဘက်စာရင်းရှင်	ban zajin: shin
Sparkonto (n)	ဘက်ငွေစုစာရင်း	ban ngwei zu. za jin
ein Konto eröffnen	ဘက်စာရင်းဖွင့်သည်	ban zajin: hpwin. de
das Konto schließen	ဘက်စာရင်းပိတ်သည်	ban zajin: bi' te
einzahlen (vt)	ငွေသွင်းသည်	ngwei dhwin: de
abheben (vt)	ငွေထုတ်သည်	ngwei dou' te
Einzahlung (f)	အပ်ငွေ	a' ngwei
eine Einzahlung machen	ငွေအပ်သည်	ngwei a' te
Überweisung (f)	ကြေးနန်းဖြင့်ငွေလွှဲခြင်း	kjei: nan: bjin. ngwe hlwe: gjin
überweisen (vt)	ကြေးနန်းဖြင့်ငွေလွှဲသည်	kjei: nan: bjin. ngwe hlwe: de
Summe (f)	ပေါင်းလဒ်	paun: la'
Wieviel?	ဘယ်လောက်လဲ	be lau' le:
Unterschrift (f)	လက်မှတ်	le' hma'
unterschreiben (vt)	လက်မှတ်ထိုးသည်	le' hma' htou: de
Kreditkarte (f)	အကြွေးဝယ်ကဒ်-ခရက်ဒစ်ကဒ်	achwei: we ka' - ka' je' da' ka'
Code (m)	ကုဒ်နံပါတ်	kou' nan ba'
Kreditkartennummer (f)	ခရက်ဒစ်ကဒ်နံပါတ်	kha. je' di' ka' nan ba'
Geldautomat (m)	အလိုအလျောက်ငွေထုတ်စက်	alou aljau' ngwei htou' se'
Scheck (m)	ချက်လက်မှတ်	che' le' hma'
einen Scheck schreiben	ချက်ရေးသည်	che' jei: de
Scheckbuch (n)	ချက်စာအုပ်	che' sa ou'
Darlehen (m)	ချေးငွေ	chei: ngwei
ein Darlehen beantragen	ချေးငွေလျှောက်လွှာတင်သည်	chei: ngwei shau' hlwa din de
ein Darlehen aufnehmen	ချေးငွေရယူသည်	chei: ngwei ja. ju de
ein Darlehen geben	ချေးငွေထုတ်ပေးသည်	chei: ngwei htou' pei: de
Sicherheit (f)	အာမခံပစ္စည်း	a ma. gan bji' si:

44. Telefon. Telefongespräche

Telefon (n)	တယ်လီဖုန်း	te li hpoun:
Mobiltelefon (n)	မိုဘိုင်းဖုန်း	mou bain: hpoun:
Anrufbeantworter (m)	ဖုန်းထူးစက်	hpoun: du: ze'
anrufen (vt)	ဖုန်းဆက်သည်	hpoun: ze' te
Anruf (m)	အဝင်ဖုန်း	awin hpun:
eine Nummer wählen	နံပါတ် နှိပ်သည်	nan ba' hnei' te
Hallo!	ဟာလို	ha. lou
fragen (vt)	မေးသည်	mei: de
antworten (vi)	ဖြေသည်	hpjei de
hören (vt)	ကြားသည်	ka: de

gut (~ aussehen)	ကောင်းကောင်း	kaun: gaun:
schlecht (Adv)	အရမ်းမကောင်း	ajan: ma. gaun:
Störungen (pl)	ဖြတ်ဝင်သည့်လှုပ်သံ	hpja' win dhi. zu njan dhan

Hörer (m)	တယ်လီဖုန်းနား‌ကြပ်ပိုင်း	te li hpoun: na: gja' pain:
den Hörer abnehmen	ဖုန်းကောက်ကိုင်သည်	hpoun: gau' gain de
auflegen (den Hörer ~)	ဖုန်းချသည်	hpoun: gja de

besetzt	လိုင်းမအားသော	lain: ma. a: de.
läuten (vi)	မြည်သည်	mji de
Telefonbuch (n)	တယ်လီဖုန်းလမ်းညွှန်စာအုပ်	te li hpoun: lan: hnjun za ou'

Orts-	ပြည်တွင်း‌ဒေသတွင်းဖြစ်သော	pji dwin: dei. dha dwin: bji' te.
Ortsgespräch (n)	ပြည်တွင်းခေါ်ဆိုမှု	pji dwin: go zou hmu.
Auslands-	အပြည်ပြည်ဆိုင်ရာဖြစ်သော	apji pji zain ja bja' de.
Auslandsgespräch (n)	အပြည်ပြည်ဆိုင်ရာခေါ်ဆိုမှု	apji pji zain ja go: zou hmu
Fern-	အဝေးခေါ်ဆိုနိုင်သော	awei: go zou nain de.
Ferngespräch (n)	အဝေးခေါ်ဆိုမှု	awei: go zou hmu.

45. Mobiltelefon

Mobiltelefon (n)	မိုဘိုင်းဖုန်း	mou bain: hpoun:
Display (n)	ပြသခြင်း	pja. dha. gjin:
Knopf (m)	ခလုတ်	khalou'
SIM-Karte (f)	ဆင်းကဒ်	hsin: ka'

Batterie (f)	ဘတ်ထရီ	ba' hta ji
leer sein (Batterie)	ဖုန်းအားကုန်သည်	hpoun: a: goun: de
Ladegerät (n)	အားသွင်းကြိုး	a: dhwin: gjou:

Menü (n)	အစားအသောက်စာရင်း	asa: athau' sa jin:
Einstellungen (pl)	ချိန်ညှိခြင်း	chein hnji. chin:
Melodie (f)	တီးလုံး	ti: loun:
auswählen (vt)	ရွေးချယ်သည်	jwei: che de

Rechner (m)	ဂဏန်းပေါင်းစက်	ganan: baun: za'
Anrufbeantworter (m)	အသံမေးလ်	athan mei:l
Wecker (m)	နှိုးစက်	hnou: ze'
Kontakte (pl)	ဖုန်းအဆက်အသွယ်များ	hpoun: ase' athwe mja:

| SMS-Nachricht (f) | မက်ဆေ့ချ် | me' zei. gja |
| Teilnehmer (m) | အသုံးပြုသူ | athoun: bju. dhu |

46. Bürobedarf

| Kugelschreiber (m) | ‌ဘောပင် | bo pin |
| Federhalter (m) | ‌ဖောင်တိန် | hpaun din |

Bleistift (m)	ခဲတံ	khe: dan
Faserschreiber (m)	အရောင်တောက်မင်တံ	ajaun dau' min dan
Filzstift (m)	ရေဆေးစုတ်တံ	jei zei: zou' tan
Notizblock (m)	မှတ်စုစာအုပ်	hma' su. za ou'

Terminkalender (m)	နေ့စဉ်မှတ်တမ်းစာအုပ်	nei. zin hma' tan: za ou'
Lineal (n)	ပေတံ	pei dan
Rechner (m)	ဂဏန်းပေါင်းစက်	ganan: baun: za'
Radiergummi (m)	ခဲဖျက်	khe: bje'
Reißzwecke (f)	ထိပ်ပြားကြီးသံရှူ	htei' pja: gji: dhan hmou
Heftklammer (f)	တွယ်ချိတ်	twe gjei'

Klebstoff (m)	ကော်	ko
Hefter (m)	စာတက်ပလာ	sate' pa. la
Locher (m)	အပေါက်ဖောက်စက်	apau' hpau' se'
Bleistiftspitzer (m)	ခဲချွန်စက်	khe: chun ze'

47. Fremdsprachen

Sprache (f)	ဘာသာစကား	ba dha zaga:
Fremd-	နိုင်ငံခြားနှင့်ဆိုင်သော	nain ngan gja: hnin. zain de.
Fremdsprache (f)	နိုင်ငံခြားဘာသာစကား	nain ngan gja: ba dha za ga:
studieren (z.B. Jura ~)	သင်ယူလေ့လာသည်	thin ju lei. la de
lernen (Englisch ~)	သင်ယူသည်	thin ju de

lesen (vi, vt)	ဖတ်သည်	hpa' te
sprechen (vi, vt)	ပြောသည်	pjo: de
verstehen (vt)	နားလည်သည်	na: le de
schreiben (vi, vt)	ရေးသည်	jei: de

schnell (Adv)	မြန်မြန်	mjan mjan
langsam (Adv)	ဖြည်းဖြည်း	hpjei: bjei:
fließend (Adv)	ကျွမ်းကျွမ်းကျင်ကျင်	kjwan: gjwan: gjin gjin

Regeln (pl)	စည်းမျဉ်းစည်းကမ်း	si: mjin: si: kan:
Grammatik (f)	သဒ္ဒါ	dhada
Vokabular (n)	ဝေါဟာရ	wo: ha ra.
Phonetik (f)	သဒ္ဒဗေဒ	dhada. bei da.

Lehrbuch (n)	ဖတ်စာအုပ်	hpa' sa au'
Wörterbuch (n)	အဘိဓာန်	abi. dan
Selbstlernbuch (n)	မိမိဘာသာလေ့လာနိုင်သောစာအုပ်	mi. mi. ba dha lei. la nain dho: za ou'
Sprachführer (m)	နှစ်ဘာသာစကားပြောစာအုပ်	hni' ba dha zaga: bjo: za ou'

Kassette (f)	တိပ်ခွေ	tei' khwei
Videokassette (f)	ရုပ်ရှင်တိပ်ခွေ	jou' shin dei' hpwei
CD (f)	စီဒီခွေ	si di gwei
DVD (f)	ဒီဗီဒီခွေ	di bi di gwei

Alphabet (n)	အက္ခရာ	e' kha ja
buchstabieren (vt)	စာလုံးပေါင်းသည်	sa loun: baun: de
Aussprache (f)	အသံထွက်	athan dwe'

Akzent (m)	ဝဲသံ	we: dhan
mit Akzent	ဝဲသံနှင့်	we: dhan hnin.
ohne Akzent	ဝဲသံမပါဘဲ	we: dhan ma. ba be:
Wort (n)	စကားလုံး	zaga: loun:
Bedeutung (f)	အဓိပ္ပါယ်	adei' be

Kurse (pl)	သင်တန်း	thin dan:
sich einschreiben	စာရင်းသွင်းသည်	sajin: dhwin: de
Lehrer (m)	ဆရာ	hsa ja
Übertragung (f)	ဘာသာပြန်ခြင်း	ba dha bjan gjin:
Übersetzung (f)	ဘာသာပြန်ထားချက်	ba dha bjan da: gje'
Übersetzer (m)	ဘာသာပြန်	ba dha bjan
Dolmetscher (m)	စကားပြန်	zaga: bjan
Polyglott (m, f)	ဘာသာစကားအများ ပြောနိုင်သူ	ba dha zaga: amja: bjo: nain dhu
Gedächtnis (n)	မှတ်ဉာဏ်	hma' njan

MAHLZEITEN. RESTAURANT

48. Gedeck

Deutsch	Burmesisch	Umschrift
Löffel (m)	ဇွန်း	zun:
Messer (n)	ဓား	da:
Gabel (f)	ခက်ရင်း	khajin;
Tasse (eine ~ Tee)	ခွက်	khwe'
Teller (m)	ပန်းကန်ပြား	bagan: bja:
Untertasse (f)	အောက်ခံပန်းကန်ပြား	au' khan ban: kan pja:
Serviette (f)	လက်သုတ်ပုဝါ	le' thou' pu. wa
Zahnstocher (m)	သွားကြားထိုးတံ	thwa: kja: dou: dan

49. Restaurant

Restaurant (n)	စားသောက်ဆိုင်	sa: thau' hsain
Kaffeehaus (n)	ကော်ဖီဆိုင်	ko hpi zain
Bar (f)	ဘား	ba;
Teesalon (m)	လက်ဖက်ရည်ဆိုင်	le' hpe' ji zain
Kellner (m)	စားပွဲထိုး	sa: bwe: dou:
Kellnerin (f)	စားပွဲထိုးမိန်းကလေး	sa: bwe: dou: mein: ga. lei:
Barmixer (m)	အရက်ဘားဝန်ထမ်း	aje' ba: wun dan:
Speisekarte (f)	စားသောက်ဖွယ်စာရင်း	sa: thau' hpwe za jin:
Weinkarte (f)	ဝိုင်စာရင်း	wain za jin:
einen Tisch reservieren	စားပွဲကြိုတင်မှာယူသည်	sa: bwe: gjou din hma ju de
Gericht (n)	ဟင်းပွဲ	hin: bwe:
bestellen (vt)	မှာသည်	hma de
eine Bestellung aufgeben	မှာသည်	hma de
Aperitif (m)	နှုတ်မြိန်ဆေး	hna' mjein zei:
Vorspeise (f)	နှုတ်မြိန်စာ	hna' mjein za
Nachtisch (m)	အချိုပွဲ	achou bwe:
Rechnung (f)	ကျသင့်ငွေ	kja. thin. ngwei
Rechnung bezahlen	ကုန်ကျငွေရှင်းသည်	koun gja ngwei shin: de
das Wechselgeld geben	ပြန်အမ်းသည်	pjan an: de
Trinkgeld (n)	မုန့်ဖိုး	moun. bou:

50. Mahlzeiten

Deutsch	Burmesisch	Umschrift
Essen (n)	အစားအစာ	asa: asa
essen (vi, vt)	စားသည်	sa: de

Frühstück (n)	နံနက်စာ	nan ne' za
frühstücken (vi)	နံနက်စာစားသည်	nan ne' za za: de
Mittagessen (n)	နေ့လယ်စာ	nei. le za
zu Mittag essen	နေ့လယ်စာစားသည်	nei. le za za de
Abendessen (n)	ညစာ	nja. za
zu Abend essen	ညစာစားသည်	nja. za za: de

| Appetit (m) | စားချင်စိတ် | sa: gjin zei' |
| Guten Appetit! | စားကောင်းပါစေ | sa: gaun: ba zei |

öffnen (vt)	ဖွင့်သည်	hpwin. de
verschütten (vt)	ဖိတ်ကျသည်	hpi' kja de
verschüttet werden	မှောက်သည်	hmau' de

kochen (vi)	ဆူပွက်သည်	hsu. bwe' te
kochen (Wasser ~)	ဆူပွက်သည်	hsu. bwe' te
gekocht (Adj)	ဆူပွက်ထားသော	hsu. bwe' hta: de.
kühlen (vt)	အအေးခံသည်	aei: gan de
abkühlen (vi)	အေးသွားသည်	ei: dhwa: de

| Geschmack (m) | အရသာ | aja. dha |
| Beigeschmack (m) | ပအာ့ရှင်း | pa. achin: |

auf Diät sein	ဝိတ်ရှုသည်	wei' cha. de
Diät (f)	ဓာတ်စာ	da' sa
Vitamin (n)	ဗီတာမင်	bi ta min
Kalorie (f)	ကယ်လိုရီ	ke lou ji
Vegetarier (m)	သက်သက်လွတ်စားသူ	the' the' lu' za: dhu
vegetarisch (Adj)	သက်သက်လွတ်စားသော	the' the' lu' za: de.

Fett (n)	အဆီ	ahsi
Protein (n)	အသားဓာတ်	atha: da'
Kohlenhydrat (n)	ကစီဓာတ်	ka. zi da'

Scheibchen (n)	အချပ်	acha'
Stück (ein ~ Kuchen)	အတုံး	atoun:
Krümel (m)	အစအန	asa an

51. Gerichte

Gericht (n)	ဟင်းပွဲ	hin: bwe:
Küche (f)	အစားအသောက်	asa: athau'
Rezept (n)	ဟင်းချက်နည်း	hin: gji' ne:
Portion (f)	တစ်ယောက်စာဟင်းပွဲ	ti' jau' sa hin: bwe:

| Salat (m) | အသုပ် | athou' |
| Suppe (f) | စွပ်ပြုတ် | su' pjou' |

Brühe (f), Bouillon (f)	ဟင်းရည်	hin: ji
belegtes Brot (n)	အသားညှပ်ပေါင်မုန့်	atha: hnja' paun moun.
Spiegelei (n)	ကြက်ဥကြော်	kje' u. kjo

| Hamburger (m) | ဟန်ဘာဂါ | han ba ga |
| Beefsteak (n) | အမဲသားတုံး | ame: dha: doun: |

Beilage (f)	အရံဟင်း	ajan hin:
Spaghetti (pl)	အီတလီခေါက်ဆွဲ	ita. li khau' hswe:
Kartoffelpüree (n)	အာလူးနွားနို့ဖျော်	a luu: nwa: nou. bjo
Pizza (f)	ပီဇာ	pi za
Brei (m)	အုတ်ဂျုယာဂု	ou' gjoun ja gu.
Omelett (n)	ကြက်ဥခေါက်ကြော်	kje' u. khau' kjo

gekocht	ပြုတ်ထားသော	pjou' hta: de.
geräuchert	ကင်တင်ထားသော	kja' tin da: de.
gebraten	ကြော်ထားသော	kjo da de.
getrocknet	ခြောက်နေသော	chau' nei de.
tiefgekühlt	အေးခဲနေသော	ei: khe: nei de.
mariniert	ဆားရည်စိမ်ထားသော	hsa:

süß	ချိုသော	chou de.
salzig	ငန်သော	ngan de.
kalt	အေးသော	ei: de.
heiß	ပူသော	pu dho:
bitter	ခါးသော	kha: de.
lecker	အရသာရှိသော	aja. dha shi. de.

kochen (vt)	ပြုတ်သည်	pjou' te
zubereiten (vt)	ချက်သည်	che' de
braten (vt)	ကြော်သည်	kjo de
aufwärmen (vt)	အပူပေးသည်	apu bei: de

salzen (vt)	ဆားထည့်သည်	hsa: hte. de
pfeffern (vt)	အစပ်ထည့်သည်	asin hte. dhe
reiben (vt)	ခြစ်သည်	chi' te
Schale (f)	အခွံ	akhun
schälen (vt)	အခွံနွာသည်	akhun hnwa de

52. Essen

Fleisch (n)	အသား	atha:
Hühnerfleisch (n)	ကြက်သား	kje' tha:
Küken (n)	ကြက်ကလေး	kje' ka. lei:
Ente (f)	ဘဲသား	be: dha:
Gans (f)	ဘဲငန်းသား	be: ngan: dha:
Wild (n)	တောကောင်သား	to: gaun dha:
Pute (f)	ကြက်ဆင်သား	kje' hsin dha:

Schweinefleisch (n)	ဝက်သား	we' tha:
Kalbfleisch (n)	နွားကလေးသား	nwa: ga. lei: dha:
Hammelfleisch (n)	သိုးသား	thou: tha:
Rindfleisch (n)	အမဲသား	ame: dha:
Kaninchenfleisch (n)	ယုန်သား	joun dha:

Wurst (f)	ဝက်အူချောင်း	we' u gjaun:
Würstchen (n)	အသားချောင်း	atha: gjaun:
Schinkenspeck (m)	ဝက်ဆားနယ်ခြောက်	we' has: ne gjau'
Schinken (m)	ဝက်ပေါင်ခြောက်	we' paun gjau'
Räucherschinken (m)	ဝက်ပေါင်ကြက်တိုက်	we' paun gje' tai'
Pastete (f)	အနှစ်အခဲပျော	ahni' akhe pjo.

Leber (f)	အသည်း	athe:
Hackfleisch (n)	ကြိတ်သား	kjei' tha:
Zunge (f)	လျှာ	sha

Ei (n)	ဥ	u.
Eier (pl)	ဥများ	u. mja:
Eiweiß (n)	အကာ	aka
Eigelb (n)	အနှစ်	ahni'

Fisch (m)	ငါး	nga:
Meeresfrüchte (pl)	ပင်လယ်အစားအစာ	pin le asa: asa
Krebstiere (pl)	အခွံမာရေနေသတ္တဝါ	akhun ma jei nei dha' ta. wa
Kaviar (m)	ငါးဥ	nga: u.

Krabbe (f)	ကဏန်း	kanan:
Garnele (f)	ပုစွန်	bazun
Auster (f)	ကမာကောင်	kama kaun
Languste (f)	ကျောက်ပုစွန်	kjau' pu. zun
Krake (m)	ရေဘဝဲသား	jei ba. we: dha:
Kalmar (m)	ပြည်ကြီးငါး	pjei gji: nga:

Störfleisch (n)	စတာဂျင်ငါး	sata gjin nga:
Lachs (m)	ဆော်လမွန်ငါး	hso: la. mun nga:
Heilbutt (m)	ပင်လယ်ငါးကြီးသား	pin le nga: gji: dha:

Dorsch (m)	ငါးကြီးဆီထုတ်သောငါး	nga: gji: zi dou' de. nga:
Makrele (f)	မက်ကရယ်ငါး	me' ka. je nga:
Tunfisch (m)	တူနာငါး	tu na nga:
Aal (m)	ငါးရှဉ့်	nga: shin.

Forelle (f)	ထရောက်ငါး	hta. jau' nga:
Sardine (f)	ငါးသေတ္တာငါး	nga: dhei ta' nga:
Hecht (m)	ပိုက်ငါး	pai' nga
Hering (m)	ငါးသလောက်	nga: dha. lau'

Brot (n)	ပေါင်မုန့်	paun moun.
Käse (m)	ဒိန်ခဲ	dain ge:
Zucker (m)	သကြား	dhagja:
Salz (n)	ဆား	hsa:

Reis (m)	ဆန်စပါး	hsan zaba
Teigwaren (pl)	အီတလီခေါက်ဆွဲ	ita. li khau' hswe:
Nudeln (pl)	ခေါက်ဆွဲ	gau' hswe:

Butter (f)	ထောပတ်	hto: ba'
Pflanzenöl (n)	ဆီ	hsi
Sonnenblumenöl (n)	နေကြာပန်းဆီ	nei gja ban: zi
Margarine (f)	ဟင်းရွက်အဆီခဲ	hin: jwe' ahsi khe:

Oliven (pl)	သံလွင်သီး	than lun dhi:
Olivenöl (n)	သံလွင်ဆီ	than lun zi

Milch (f)	နွားနို့	nwa: nou.
Kondensmilch (f)	နို့ဆီ	ni. zi
Joghurt (m)	ဒိန်ချဉ်	dain gjin
saure Sahne (f)	နို့ချဉ်	nou. gjin

Sahne (f)	မလိုင်	ma. lain
Mayonnaise (f)	ခံပျစ်ပျစ်စားမြိန်ရည်	kha' pji' pji' sa: mjein jei
Buttercreme (f)	ထောပတ်မလိုင်	hto: ba' ma. lein

Grütze (f)	နှံးစားဇေ	nhnan za: zei.
Mehl (n)	ဂျုံမှုန့်	gjoun hmoun.
Konserven (pl)	စည်သွပ်ဗူးများ	si dhwa' bu: mja:

Maisflocken (pl)	ပြောင်းဖူးမှုန့်လန်း	pjaun: bu: moun. zan:
Honig (m)	ပျားရည်	pja: je
Marmelade (f)	ယို	jou
Kaugummi (m, n)	ပိကေ	pi gei

53. Getränke

Wasser (n)	ရေ	jei
Trinkwasser (n)	သောက်ရေ	thau' jei
Mineralwasser (n)	ဓာတ်ဆားရည်	da' hsa: ji

still	ဂက်စ်မပါသော	ga' s ma. ba de.
mit Kohlensäure	ဂက်စ်ပါသော	ga' s ba de.
mit Gas	စပါကလင်	saba ga. lin
Eis (n)	ရေခဲ	jei ge:
mit Eis	ရေခဲနှင့်	jei ge: hnin.

alkoholfrei (Adj)	အယ်လ်ကိုဟောမပါသော	e kou ho: ma. ba de.
alkoholfreies Getränk (n)	အယ်လ်ကိုဟောမဟုတ်သော သောက်စရာ	e kou ho: ma. hou' te. dhau' sa. ja
Erfrischungsgetränk (n)	အအေး	aei:
Limonade (f)	လီမွန်ဖျော်ရည်	li mun hpjo ji

Spirituosen (pl)	အယ်လ်ကိုဟောပါဝင် သောသောက်စရာ	e kou ho: ba win de. dhau' sa. ja
Wein (m)	ဝိုင်	wain
Weißwein (m)	ဝိုင်ဖြူ	wain gju
Rotwein (m)	ဝိုင်နီ	wain ni

Likör (m)	အရက်ချိုပြင်း	aje' gjou pjin
Champagner (m)	ရှန်ပိန်	shan pein
Wermut (m)	ရန်သင်းသောဆေးဝိမိဝိုင်	jan dhin: dho: zei: zein wain

Whisky (m)	ဝီစကီ	wi sa. gi
Wodka (m)	ဗော့ကာ	bo ga
Gin (m)	ဂျင်	gjin
Kognak (m)	ကော့ညက်	ko. nja'
Rum (m)	ရမ်	ran

Kaffee (m)	ကော်ဖီ	ko hpi
schwarzer Kaffee (m)	ဘလက်ကော်ဖီ	ba. le' ko: phi
Milchkaffee (m)	ကော်ဖီနို့ရော	ko hpi ni. jo:
Cappuccino (m)	ကပုချီနီ	ka. pu chi ni.
Pulverkaffee (m)	ကော်ဖီမှုပ်	ko hpi mi'
Milch (f)	နွားနို့	nwa: nou.
Cocktail (m)	ကော့တေး	ko. dei:

Milchcocktail (m)	မစ်ရှိတ်	mi' shei'
Saft (m)	အချိုရည်	achou ji
Tomatensaft (m)	ခရမ်းချဉ်သီးအချိုရည်	khajan: chan dhi: achou jei
Orangensaft (m)	လိမ္မော်ရည်	limmo ji
frisch gepresster Saft (m)	အသစ်ဖျော်ရည်	athi: hpjo je

Bier (n)	ဘီယာ	bi ja
Helles (n)	အရောင်ဖျော့သောဘီယာ	ajaun bjau. de. bi ja
Dunkelbier (n)	အရောင်ရင့်သောဘီယာ	ajaun jin. de. bi ja

Tee (m)	လက်ဖက်ရည်	le' hpe' ji
schwarzer Tee (m)	လက်ဖက်နက်	le' hpe' ne'
grüner Tee (m)	လက်ဖက်စိမ်း	le' hpe' sein:

54. Gemüse

Gemüse (n)	ဟင်းသီးဟင်းရွက်	hin: dhi: hin: jwe'
grünes Gemüse (pl)	ဟင်းခတ်အမွှေးရွက်	hin: ga' ahmwei: jwe'

Tomate (f)	ခရမ်းချဉ်သီး	khajan: chan dhi:
Gurke (f)	သခွါးသီး	thakhwa: dhi:
Karotte (f)	မုန်လာဥနီ	moun la u. ni
Kartoffel (f)	အာလူး	a lu:
Zwiebel (f)	ကြက်သွန်နီ	kje' thwan ni
Knoblauch (m)	ကြက်သွန်ဖြူ	kje' thwan bju

Kohl (m)	ဂေါ်ဖီ	go bi
Blumenkohl (m)	ပန်းဂေါ်ဖီ	pan: gozi
Rosenkohl (m)	ဂေါ်ဖီထုပ်အသေးစား	go bi dou' athei: za:
Brokkoli (m)	ပန်းဂေါ်ဖီအစိမ်း	pan: gozi asein:

Rote Bete (f)	မုန်လာဥနီလုံး	moun la u. ni loun:
Aubergine (f)	ခရမ်းသီး	khajan: dhi:
Zucchini (f)	ဘူးသီး	bu: dhi:
Kürbis (m)	ဖရုံသီး	hpa joun dhi:
Rübe (f)	တရုတ်မုန်လာဥ	tajou' moun la u.

Petersilie (f)	တရုတ်နံနံပင်	tajou' nan nan bin
Dill (m)	စမြိတ်ပင်	samjei' pin
Kopf Salat (m)	ဆာလပ်ရွက်	hsa. la' jwe'
Sellerie (m)	တရုတ်နံနံကြီး	tajou' nan nan gji:

Spargel (m)	ကညွတ်မာပင်	ka. nju' ma bin
Spinat (m)	ဒေါက်ခွ	dau' khwa.

Erbse (f)	ပဲစေ့	pe: zei.
Bohnen (pl)	ပဲအမျိုးမျိုး	pe: amjou: mjou:

Mais (m)	ပြောင်းဖူး	pjaun: bu:
weiße Bohne (f)	ပိုလီစားပဲ	bou za: be:

Paprika (m)	ငရုတ်သီး	nga jou' thi:
Radieschen (n)	မုန်လာဥသေး	moun la u. dhei:
Artischocke (f)	အာတီချော	a ti cho.

55. Obst. Nüsse

Deutsch	Birmanisch	Aussprache
Frucht (f)	အသီး	athi:
Apfel (m)	ပန်းသီး	pan: dhi:
Birne (f)	သစ်တော်သီး	thi' to dhi:
Zitrone (f)	သံပုရာသီး	than bu. jou dhi:
Apfelsine (f)	လိမ္မော်သီး	limmo dhi:
Erdbeere (f)	စတော်ဘယ်ရီသီး	sato be ri dhi:
Mandarine (f)	ပျားလိမ္မော်သီး	pja: lein mo dhi:
Pflaume (f)	ဆီးသီး	hsi: dhi:
Pfirsich (m)	မက်မွန်သီး	me' mwan dhi:
Aprikose (f)	တရုတ်ဆီးသီး	jau' hsi: dhi:
Himbeere (f)	ရတ်စဘယ်ရီ	re' sa be ji
Ananas (f)	နာနတ်သီး	na na' dhi:
Banane (f)	ငှက်ပျောသီး	hnge' pjo: dhi:
Wassermelone (f)	ဖရဲသီး	hpa. je: dhi:
Weintrauben (pl)	စပျစ်သီး	zabji' thi:
Kirsche (f)	ချယ်ရီသီး	che ji dhi:
Sauerkirsche (f)	ချယ်ရီချဉ်သီး	che ji gjin dhi:
Süßkirsche (f)	ချယ်ရီချိုသီး	che ji gjou dhi:
Melone (f)	သခွားမွှေးသီး	thakhwa: hmwei: dhi:
Grapefruit (f)	ဂရိတ်ဖရုသီး	ga. ri' hpa. ju dhi:
Avocado (f)	ထောပတ်သီး	hto: ba' thi:
Papaya (f)	သင်္ဘောသီး	thin: bo: dhi:
Mango (f)	သရက်သီး	thaje' thi:
Granatapfel (m)	တလည်းသီး	tale: dhi:
rote Johannisbeere (f)	အနီရောင်ဘယ်ရီသီး	ani jaun be ji dhi:
schwarze Johannisbeere (f)	ဘလက်ကားရန့်	ba. le' ka: jan.
Stachelbeere (f)	ကလားဆီးဖြူ	ka. la: his: hpju
Heidelbeere (f)	ဘီဘယ်ရီအသီး	bi: be ji athi:
Brombeere (f)	ရှမ်းဆီးသီး	shan: zi: di:
Rosinen (pl)	စပျစ်သီးခြောက်	zabji' thi: gjau'
Feige (f)	သဖန်းသီး	thahpjan: dhi:
Dattel (f)	စွန်ပလွံသီး	sun palun dhi:
Erdnuss (f)	မြေပဲ	mjei be:
Mandel (f)	ဗာဒံသီး	ba dan di:
Walnuss (f)	သစ်ကြားသီး	thi' kja: dhi:
Haselnuss (f)	ဟောဇယ်သီး	ho: ze dhi:
Kokosnuss (f)	အုန်းသီး	aun: dhi:
Pistazien (pl)	၀ှမာသီး	khwan ma dhi:

56. Brot. Süßigkeiten

Konditorwaren (pl)	မုန့်ချို	moun. gjou
Brot (n)	ပေါင်မုန့်	paun moun.
Keks (m, n)	ဘီစကစ်	bi za, ki'
Schokolade (f)	ချောကလက်	cho: ka. le'

Schokoladen-	ချောကလက်အရသာရှိသော	cho: ka. le' aja. dha shi. de.
Bonbon (m, n)	သကြားလုံး	dhagja: loun:
Kuchen (m)	ကိတ်	kei'
Torte (f)	ကိတ်မုန့်	kei' moun.

| Kuchen (Apfel-) | ပိုင်မုန့်. | pain hmoun. |
| Füllung (f) | သွပ်ထားသောအစာ | thu' hta: dho: asa |

Konfitüre (f)	ယို	jou
Marmelade (f)	အထူးပြုလုပ်ထားသော ယို	a htu: bju. lou' hta: de. jou
Waffeln (pl)	ဝေဖာ	wei hpa
Eis (n)	ရေခဲမုန့်	jei ge: moun.
Pudding (m)	ပူတင်း	pu tin:

57. Gewürze

Salz (n)	ဆား	hsa:
salzig (Adj)	ငန်သော	ngan de.
salzen (vt)	ဆားထည့်သည်	hsa: hte. de

schwarzer Pfeffer (m)	ငရုတ်ကောင်း	nga jou' kaun:
roter Pfeffer (m)	ငရုတ်သီး	nga jou' thi:
Senf (m)	မုန်ညင်း	moun njin:
Meerrettich (m)	သင်္ဘောဒန့်သလွန်	thin: bo: dan. dha lun

Gewürz (n)	ဟင်းခတ်အမှုန့်အမျိုးမျိုး	hin: ga' ahnun. amjou: mjou:
Gewürz (n)	ဟင်းခတ်အမွှေးအကြိုင်	hin: ga' ahmwei: akjain
Soße (f)	ဆော	hso.
Essig (m)	ရှာလကာရည်	sha la. ga je

Anis (m)	စမုန်စပါးပင်	samoun zaba: bin
Basilikum (n)	ပင်စိမ်း	pin zein:
Nelke (f)	လေးညှင်း	lei: hnjin:
Ingwer (m)	ဂျင်း	gjin:
Koriander (m)	နံနံပင်	nan nan bin
Zimt (m)	သစ်ကြံပိုးခေါက်	thi' kjan bou: gau'

Sesam (m)	နှမ်း	hnan:
Lorbeerblatt (n)	ကရဝေးရွက်	ka ja wei: jwe'
Paprika (m)	ပန်းငရုတ်မှုန့်	pan: nga. jou' hnoun.
Kümmel (m)	ကရဝေး	ka. ja. wei:
Safran (m)	ကုံကုမံ	koun kou man

PERSÖNLICHE INFORMATIONEN. FAMILIE

58. Persönliche Informationen. Formulare

Vorname (m)	အမည်	amji
Name (m)	မိသားစုအမည်	mi. dha: zu. amji
Geburtsdatum (n)	မွေးနေ့	mwei: nei.
Geburtsort (m)	မွေးရပ်	mwer: ja'
Nationalität (f)	လူမျိုး	lu mjou:
Wohnort (m)	နေရပ်ဒေသ	nei ja' da. dha.
Land (n)	နိုင်ငံ	nain ngan
Beruf (m)	အလုပ်အကိုင်	alou' akain
Geschlecht (n)	လိင်	lin
Größe (f)	အရပ်	aja'
Gewicht (n)	ကိုယ်အလေးချိန်	kou alei: chain

59. Familienmitglieder. Verwandte

Mutter (f)	အမေ	amei
Vater (m)	အဖေ	ahpei
Sohn (m)	သား	tha:
Tochter (f)	သမီး	thami:
jüngste Tochter (f)	သမီးအငယ်	thami: ange
jüngste Sohn (m)	သားအငယ်	tha: ange
ältere Tochter (f)	သမီးအကြီး	thami: akji:
älterer Sohn (m)	သားအကြီး	tha: akji:
Bruder (m)	ညီအစ်ကို	nji a' kou
älterer Bruder (m)	အစ်ကို	akou
jüngerer Bruder (m)	ညီ	nji
Schwester (f)	ညီအစ်မ	nji a' ma
ältere Schwester (f)	အစ်မ	ama.
jüngere Schwester (f)	ညီမ	nji ma.
Cousin (m)	ဝမ်းကွဲအစ်ကို	wan: kwe: i' kou
Cousine (f)	ဝမ်းကွဲညီမ	wan: kwe: nji ma.
Mama (f)	မေမေ	mei mei
Papa (m)	ဖေဖေ	hpei hpei
Eltern (pl)	မိဘတွေ	mi. ba. dwei
Kind (n)	ကလေး	kalei:
Kinder (pl)	ကလေးများ	kalei: mja:
Großmutter (f)	အဘွား	ahpwa
Großvater (m)	အဘိုး	ahpou:

Enkel (m)	ေျမး	mjei:
Enkelin (f)	ေျမးမ	mjei: ma.
Enkelkinder (pl)	ေျမးများ	mjei: mja:

Onkel (m)	ဦးေလး	u: lei:
Tante (f)	အေဒါ်	ado
Neffe (m)	တူ	tu
Nichte (f)	တူမ	tu ma.

Schwiegermutter (f)	ေယာက္ခမ	jau' khama.
Schwiegervater (m)	ေယာက္ခထီး	jau' khadi:
Schwiegersohn (m)	သားမက်	tha: me'
Stiefmutter (f)	မိေထြး	mi. dwei:
Stiefvater (m)	ပေထြး	pahtwei:

Säugling (m)	နို့စို့ကေလး	nou. zou. galei:
Kleinkind (n)	ကေလးငယ်	kalei: nge
Kleine (m)	ကေလး	kalei:

Frau (f)	ဇနီးမ	mein: ma.
Mann (m)	ေယာက်ျား	jau' kja:
Ehemann (m)	ခင်ပွန်း	khin bun:
Gemahlin (f)	ဇနီး	zani:

verheiratet (Ehemann)	ဇနီးမရှိေသာ	mein: ma. shi. de.
verheiratet (Ehefrau)	ေယာက်ျားရှိေသာ	jau' kja: shi de
ledig	လူလွတ်ျဖစ်ေသာ	lu lu' hpji te.
Junggeselle (m)	လူပျို	lu bjou
geschieden (Adj)	တစ်ခုလပ်ျဖစ်ေသာ	ti' khu. la' hpji' te.
Witwe (f)	မုဆိုးမ	mu. zou: ma.
Witwer (m)	မုဆိုးဖို	mu. zou: bou

Verwandte (m)	ေဆွမျိုး	hswe mjou:
naher Verwandter (m)	ေဆွမျိုးရင်းချာ	hswe mjou: jin: gja
entfernter Verwandter (m)	ေဆွမျိုးနီးစပ်	hswe mjou: ni: za'
Verwandte (pl)	ေမွးချင်းများ	mwei: chin: mja:

Waise (m, f)	မိဘမဲ့	mi. ba me.
Waisenjunge (m)	မိဘမဲ့ကေလး	mi. ba me. ga lei:
Waisenmädchen (f)	မိဘမဲ့ကေလးမ	mi. ba me. ga lei: ma
Vormund (m)	အုပ်ထိန်းသူ	ou' htin: dhu
adoptieren (einen Jungen)	သားအျဖစ်ေမွးစားသည်	tha: ahpji' mwei: za: de
adoptieren (ein Mädchen)	သမီးအျဖစ်ေမွးစားသည်	thami: ahpji' mwei: za: de

60. Freunde. Arbeitskollegen

Freund (m)	သူငယ်ချင်း	thu nge gjin:
Freundin (f)	မိန်းကေလးသူငယ်ချင်း	mein: galei: dhu nge gjin:
Freundschaft (f)	ခင်မင်ရင်းနှီးမှု	khin min jin; ni; hmu.
befreundet sein	ခင်မင်သည်	khin min de

Freund (m)	အေပါင်းအသင်း	apaun: athin:
Freundin (f)	အေပါင်းအသင်း	apaun: athin:
Partner (m)	လုပ်ေဖာ်ကိုင်ဖက်	lou' hpo kain be'

Chef (m)   အကြီးအကဲ   akji: ake:

Vorgesetzte (m)   အထက်လူကြီး   a hte' lu gji:

Besitzer (m)   ပိုင်ရှင်   pain shin

Untergeordnete (m)   လက်အောက်ခံအမှုထမ်း   le' au' khan ahmu. htan:

Kollege (m), Kollegin (f)   လုပ်ဖော်ကိုင်ဖက်   lou' hpo kain be'

Bekannte (m)   အကျွမ်းဝင်မှု   akjwan: win hmu.

Reisegefährte (m)   ခရီးဖော်   khaji: bo

Mitschüler (m)   တစ်တန်းတည်းသား   ti' tan: de: dha:

Nachbar (m)   အိမ်နီးနားချင်း   ein ni: na: gjin:

Nachbarin (f)   မိန်းကလေးအိမ်နီးနားချင်း   mein: galei: ein: ni: na: gjin:

Nachbarn (pl)   အိမ်နီးနားချင်းများ   ein ni: na: gjin: mja:

MENSCHLICHER KÖRPER. MEDIZIN

61. Kopf

Kopf (m)	ခေါင်း	gaun:
Gesicht (n)	မျက်နှာ	mje' hna
Nase (f)	နှာခေါင်း	hna gaun:
Mund (m)	ပါးစပ်	pa: zi'
Auge (n)	မျက်စိ	mje' si.
Augen (pl)	မျက်စိများ	mje' si. mja:
Pupille (f)	သူငယ်အိမ်	thu nge ein
Augenbraue (f)	မျက်ခုံး	mje' khoun:
Wimper (f)	မျက်တောင်	mje' taun
Augenlid (n)	မျက်ခွံ	mje' khwan
Zunge (f)	လျှာ	sha
Zahn (m)	သွား	thwa:
Lippen (pl)	နှတ်ခမ်း	hna' khan:
Backenknochen (pl)	ပါးရိုး	pa: jou:
Zahnfleisch (n)	သွားဖုံး	thwahpoun:
Gaumen (m)	အာခေါင်	a gaun
Nasenlöcher (pl)	နှာခေါင်းပေါက်	hna gaun: bau'
Kinn (n)	မေးစေ့	mei: zei.
Kiefer (m)	မေးရိုး	mei: jou:
Wange (f)	ပါး	pa:
Stirn (f)	နဖူး	na. hpu:
Schläfe (f)	နားထင်	na: din
Ohr (n)	နားရွက်	na: jwe'
Nacken (m)	နောက်စေ့	nau' sei.
Hals (m)	လည်ပင်း	le bin:
Kehle (f)	လည်ချောင်း	le gjaun:
Haare (pl)	ဆံပင်	zabin
Frisur (f)	ဆံပင်ပုံစံ	zabin boun zan
Haarschnitt (m)	ဆံပင်ညှပ်သည့်ပုံစံ	zabin hnja' thi. boun zan
Perücke (f)	ဆံပင်တု	zabin du.
Schnurrbart (m)	နှတ်ခမ်းမွေး	hnou' khan: hmwei:
Bart (m)	မုတ်ဆိတ်မွေး	mou' hsei' hmwei:
haben (einen Bart ~)	အရှည်ထားသည်	ashei hta: de
Zopf (m)	ကျစ်ဆံမြီး	kji' zan mji:
Backenbart (m)	ပါးသိုင်းမွေး	pa: dhain: hmwei:
rothaarig	ဆံပင်အနီရောင်ရှိသော	zabin ani jaun shi. de
grau	အရောင်ဖျော့သော	ajaun bjo. de.
kahl	ထိပ်ပြောင်သော	htei' pjaun de.
Glatze (f)	ဆံပင်ကျွတ်နေသောနေရာ	zabin kju' nei dho nei ja

| Pferdeschwanz (m) | မြင်းမြီးပုံစံဆံပင် | mjin: mji: boun zan zan bin |
| Pony (Ponyfrisur) | ဆံရဲ့ | hsaji' |

62. Menschlicher Körper

| Hand (f) | လက် | le' |
| Arm (m) | လက်မောင်း | le' maun: |

Finger (m)	လက်ချောင်း	le' chaun:
Zehe (f)	ခြေချောင်း	chei gjaun:
Daumen (m)	လက်မ	le' ma
kleiner Finger (m)	လက်သန်း	le' than:
Nagel (m)	လက်သည်းခွံ	le' the: dou' tan zin:

Faust (f)	လက်သီး	le' thi:
Handfläche (f)	လက်ဝါး	le' wa:
Handgelenk (n)	လက်ကောက်ဝတ်	le' kau' wa'
Unterarm (m)	လက်ဖျံ	le' hpjan
Ellbogen (m)	တံတောင်ဆစ်	daduan zi'
Schulter (f)	ပခုံး	pakhoun:

Bein (n)	ခြေထောက်	chei htau'
Fuß (m)	ခြေထောက်	chei htau'
Knie (n)	ဒူး	du:
Wade (f)	ခြေသလုံးကြွက်သား	chei dha. loun: gjwe' dha:
Hüfte (f)	တင်ပါး	tin ba:
Ferse (f)	ခြေဖနောင့်	chei ba. naun.

Körper (m)	ခန္ဓာကိုယ်	khan da kou
Bauch (m)	ဗိုက်	bai'
Brust (f)	ရင်ဘတ်	jin ba'
Busen (m)	နို့	nou.
Seite (f), Flanke (f)	နံပါး	nan ba:
Rücken (m)	ကျော	kjo:
Kreuz (n)	ခါးအောက်ပိုင်း	kha: au' pain:
Taille (f)	ခါး	kha:

Nabel (m)	ချက်	che'
Gesäßbacken (pl)	တင်ပါး	tin ba:
Hinterteil (n)	နောက်ပိုင်း	nau' pain:

Leberfleck (m)	မှဲ့	hme.
Muttermal (n)	မွေးရာပါအမှတ်	mwei: ja ba ahma'
Tätowierung (f)	တက်တူး	te' tu:
Narbe (f)	အမာရွတ်	ama ju'

63. Krankheiten

Krankheit (f)	ရောဂါ	jo: ga
krank sein	ဖျားနာသည်	hpa: na de
Gesundheit (f)	ကျန်းမာရေး	kjan: ma jei:
Schnupfen (m)	နှာစေးခြင်း	hna zei: gjin:

Angina (f)	အာသီးရောင်ခြင်း	a sha. jaun gjin:
Erkältung (f)	အအေးမိခြင်း	aei: mi. gjin:
sich erkälten	အအေးမိသည်	aei: mi. de
Bronchitis (f)	ချောင်းဆိုးရင်ကျပ်နာ	gaun: ou: jin gja' na
Lungenentzündung (f)	အဆုတ်ရောင်ရောဂါ	ahsou' jaun jo: ga
Grippe (f)	တုပ်ကွေး	tou' kwei:
kurzsichtig	အဝေးမှုန်သော	awei: hmun de.
weitsichtig	အနီးမှုန်	ani: hmoun
Schielen (n)	မျက်စိစွေခြင်း	mje' zi. zwei gjin:
schielend (Adj)	မျက်စိစွေသော	mje' zi. zwei de.
grauer Star (m)	နာမကျန်းဖြစ်ခြင်း	na. ma. gjan: bji' chin:
Glaukom (n)	ရေတိမ်	jei dein
Schlaganfall (m)	လေသင်တုန်းဖြတ်ခြင်း	lei dhin doun: bja' chin:
Infarkt (m)	နှလုံးဖောက်ပြန်မှု	hnaloun: bau' bjan hmu.
Herzinfarkt (m)	နှလုံးကြွက်သားပုပ်ခြင်း	hnaloun: gjwe' tha: bou' chin:
Lähmung (f)	သွက်ချာပါဒ	thwe' cha ba da.
lähmen (vt)	ဆိုင်းတွသွားသည်	hsain: dwa dhwa: de
Allergie (f)	မတည့်ခြင်း	ma. de. gjin:
Asthma (n)	ပန်းနာ	pan: na
Diabetes (m)	ဆီးချိုရောဂါ	hsi: gjou jau ba
Zahnschmerz (m)	သွားကိုက်ခြင်း	thwa: kai' chin:
Karies (f)	သွာပိုးစားခြင်း	thwa: pou: za: gjin:
Durchfall (m)	ဝမ်းလျှောခြင်း	wan: sho: gjin:
Verstopfung (f)	ဝမ်းချုပ်ခြင်း	wan: gjou' chin:
Magenverstimmung (f)	ဗိုက်နာခြင်း	bai' na gjin:
Vergiftung (f)	အစာအဆိပ်သင့်ခြင်း	asa: ahsei' thin. gjin:
Vergiftung bekommen	အစားမှားခြင်း	asa: hma: gjin:
Arthritis (f)	အဆစ်ရောင်နာ	ahsi' jaun na
Rachitis (f)	အရိုးပျော့နာ	ajou: bjau. na
Rheumatismus (m)	ဒူလာ	du la
Atherosklerose (f)	နှလုံးသွေးကြော အဆီပိတ်ခြင်း	hna. loun: twei: kjau ahsi pei' khin:
Gastritis (f)	အစာအိမ်ရောင်ရမ်းနာ	asa: ein jaun jan: na
Blinddarmentzündung (f)	အူအတက်ရောင်ခြင်း	au hte' jaun gjin:
Cholezystitis (f)	သည်းခြေပြွန်ရောင်ခြင်း	thi: gjei bjun jaun gjin:
Geschwür (n)	ဖက်ခွက်နာ	hpe' khwe' na
Masern (pl)	ဝက်သက်	we' the'
Röteln (pl)	ဂျိုက်သိုး	gjou' thou:
Gelbsucht (f)	အသားဝါရောဂါ	atha: wa jo: ga
Hepatitis (f)	အသည်းရောင်ရောဂါ	athe: jaun jau ba
Schizophrenie (f)	စိတ်ကစဥ့်ကလျားရောဂါ	sei' ga. zin. ga. lja: jo: ga
Tollwut (f)	ခွေးရူးပြန်ရောဂါ	khwei: ju: bjan jo: ba
Neurose (f)	စိတ်မူမမှန်ခြင်း	sei' mu ma. hman gjin:
Gehirnerschütterung (f)	ဦးနှောက်ထိခိုက်ခြင်း	oun: hnau' hti. gai' chin:
Krebs (m)	ကင်ဆာ	kin hsa
Sklerose (f)	အသားမျှင်ခက် မာသွားခြင်း	atha: hmjin kha' ma dwa: gjin:

multiple Sklerose (f)	အာရုံကြောပျက်စီး ရောဂါရံးသည့်ရောဂါ	a joun gjo: bje' si: jaun jan: dhi. jo: ga
Alkoholismus (m)	အရက်နာစွဲခြင်း	aje' na zwe: gjin:
Alkoholiker (m)	အရက်သမား	aje' dha. ma:
Syphilis (f)	ဆစ်ဖလစ်ကာလသားရောဂါ	his' hpa. li' ka la. dha: jo: ba
AIDS	ကိုယ်ခံအားကျကူးစက်ရောဂါ	kou khan a: kja ku: za' jau ba

Tumor (m)	အသားပို	atha: pou
bösartig	ကင်ဆာဖြစ်နေသော	kin hsa bji' nei de.
gutartig	ပြန့်ပွားခြင်းမရှိသော	pjan. bwa: gjin: ma. shi. de.

Fieber (n)	အဖျားတက်ရောဂါ	ahpja: de' jo: ga
Malaria (f)	ငှက်ဖျားရောဂါ	hnge' hpja: jo: ba
Gangrän (f, n)	ဂန်ဂရိန်းရောဂါ	gan ga. ji na jo: ba
Seekrankheit (f)	လှိုင်းမူးခြင်း	hlain: mu: gjin:
Epilepsie (f)	ဝက်ရူးပြန့်ရောဂါ	we' ju: bjan jo: ga

Epidemie (f)	ကပ်ရောဂါ	ka' jo ba
Typhus (m)	တိုက်ဖိုက်ရောဂါ	tai' hpai' jo: ba
Tuberkulose (f)	တီဘီရောဂါ	ti bi jo: ba
Cholera (f)	ကာလဝမ်းရောဂါ	ka la. wan: jau ga
Pest (f)	ကပ်ဆိုး	ka' hsou:

64. Symptome. Behandlungen. Teil 1

Symptom (n)	လက္ခဏာ	le' khana
Temperatur (f)	အပူရှိန်	apu gjein
Fieber (n)	ကိုယ်အပူရှိန်တက်	kou apu chain de'
Puls (m)	သွေးခုန်နှုန်း	thwei: khoun hnan:

Schwindel (m)	မူးနောက်ခြင်း	mu: nau' chin:
heiß (Stirne usw.)	ပူသော	pu dho:
Schüttelfrost (m)	တုန်ခြင်း	toun gjin:
blass (z.B. -es Gesicht)	ဖြူရောသော	hpju jo de.

Husten (m)	ချောင်းဆိုးခြင်း	gaun: zou: gjin:
husten (vi)	ချောင်းဆိုးသည်	gaun: zou: de
niesen (vi)	နှာရှေ့သည်	hna gjei de
Ohnmacht (f)	အားနည်းခြင်း	a: ne: gjin:
ohnmächtig werden	သတိလစ်သည်	dhadi. li' te

blauer Fleck (m)	ပွန်းပွဲဒဏ်ရာ	pun: be. dan ja
Beule (f)	ဆောင့်မိခြင်း	hsaun. mi. gjin:
sich stoßen	ဆောင့်မိသည်	hsaun. mi. de.
Prellung (f)	ပွန်းပွဲဒဏ်ရာ	pun: be. dan ja
sich stoßen	ပွန်းပွဲဒဏ်ရာရသည်	pun: be. dan ja ja. de

hinken (vi)	ထော့နဲ့ထော့နဲ့လျှောက်သည်	hto. ne. hto. ne. shau' te
Verrenkung (f)	အဆစ်လွဲခြင်း	ahsi' lwe: gjin:
ausrenken (vt)	အဆစ်လွဲသည်	ahsi' lwe: de
Fraktur (f)	ကျိုးအက်ခြင်း	kjou: e' chin:
brechen (Arm usw.)	ကျိုးအက်သည်	kjou: e' te
Schnittwunde (f)	ရှသည်	sha. de
sich schneiden	ရှမိသည်	sha. mi. de

Blutung (f)	သွေးထွက်ခြင်း	thwei: htwe' chin:
Verbrennung (f)	မီးလောင်သည့်ဒဏ်ရာ	mi: laun de. dan ja
sich verbrennen	မီးလောင်ဒဏ်ရာရသည်	mi: laun dan ja ja. de

stechen (vt)	ဖောက်သည်	hpau' te
sich stechen	ကိုယ်တိုင်ဖောက်သည်	kou tain hpau' te
verletzen (vt)	ထိခိုက်ဒဏ်ရာရရသည်	hti. gai' dan ja ja. de
Verletzung (f)	ထိခိုက်ဒဏ်ရာ	hti. gai' dan ja
Wunde (f)	ဒဏ်ရာ	dan ja
Trauma (n)	စိတ်ဒဏ်ရာ	sei' dan ja

irrereden (vi)	ကယောင်ကတမ်းဖြစ်သည်	kajaun ka dan: bi' te
stottern (vi)	တုံ့နေးတုံ့ နေးဖြစ်သည်	toun. hnei: toun. hnei: bji' te
Sonnenstich (m)	အပူလျပ်ခြင်း	apu hlja' chin

65. Symptome. Behandlungen. Teil 2

| Schmerz (m) | နာကျင်မှု | na gjin hmu. |
| Splitter (m) | ပွဲထွက်သောအစ | pe. dwe' tho: asa. |

Schweiß (m)	ချွေး	chwei:
schwitzen (vi)	ချွေးထွက်သည်	chwei: htwe' te
Erbrechen (n)	အန်ခြင်း	an gjin:
Krämpfe (pl)	အကြောလိုက်ခြင်း	akjo: lai' chin:

schwanger	ကိုယ်ဝန်ဆောင်ထားသော	kou wun hsaun da: de.
geboren sein	မွေးဖွားသည်	mwei: bwa: de
Geburt (f)	မီးဖွားခြင်း	mi: bwa: gjin:
gebären (vt)	မီးဖွားသည်	mi: bwa: de
Abtreibung (f)	ကိုယ်ဝန်ဖျက်ချခြင်း	kou wun hpje' cha chin:

Atem (m)	အသက်ရှုခြင်း	athe' shu gjin:
Atemzug (m)	ဝင်လေ	win lei
Ausatmung (f)	ထွက်လေ	htwe' lei
ausatmen (vt)	အသက်ရှုထုတ်သည်	athe' shu dou' te
einatmen (vt)	အသက်ရှုသွင်းသည်	athe' shu dhwin: de

Invalide (m)	ကိုယ်အင်္ဂါမသန် စွမ်းသူ	kou an ga ma. dhan swan: dhu
Krüppel (m)	မသန်မစွမ်းသူ	ma. dhan ma. zwan dhu
Drogenabhängiger (m)	ဆေးစွဲသူ	hsei: zwe: dhu

taub	နားမကြားသော	na: ma. gja: de.
stumm	ဆွံ့အသော	hsun. ade.
taubstumm	ဆွံ့.အ နားမကြားသူ	hsun. ana: ma. gja: dhu

verrückt (Adj)	စိတ်မနှံ့သော	sei' ma. hnan. de.
Irre (m)	စိတ်မနှံ့သူ	sei' ma. hnan. dhu
Irre (f)	စိတ်ဝေဒနာရှင် မိန်းကလေး	sei' wei da. na shin mein: ga. lei:
den Verstand verlieren	ရူးသွပ်သည်	ju: dhu' de

| Gen (n) | မျိုးရိုးဗီဇ | mjou: jou: bi za. |
| Immunität (f) | ကိုယ်ခံအား | kou gan a: |

erblich	မျိုးရိုးလိုက်သော	mjou: jou: lou' te.
angeboren	မွေးရာပါဖြစ်သော	mwei: ja ba bji' te.
Virus (m, n)	ဗိုင်းရပ်ပိုးမွား	bain: ja' pou: hmwa:
Mikrobe (f)	အဏုဇီဝရုပ်	anu zi wa. jou'
Bakterie (f)	ဘက်တီးရီးယားပိုး	be' ti: ji: ja: bou:
Infektion (f)	ရောဂါကူးစက်မှု	jo ga gu: ze' hmu.

66. Symptome. Behandlungen. Teil 3

Krankenhaus (n)	ဆေးရုံ	hsei: joun
Patient (m)	လူနာ	lu na
Diagnose (f)	ရောဂါစစ်ဆေးခြင်း	jo ga zi' hsei: gjin:
Heilung (f)	ဆေးကုထုံး	hsei: ku. doun:
Behandlung (f)	ဆေးဝါးကုသမှု	hsei: wa: gu. dha. hmu.
Behandlung bekommen	ဆေးကုသမှုခံယူသည်	hsei: ku. dha. hmu. dha de
behandeln (vt)	ပြုစုသည်	pju. zu. de
pflegen (Kranke)	ပြုစုစောင့်ရှောက်သည်	pju. zu. zaun. shau' te
Pflege (f)	ပြုစုစောင့်ရှောက်ခြင်း	pju. zu. zaun. shau' chin:
Operation (f)	ခွဲစိတ်ကုသခြင်း	khwe: zei' ku. dha. hin:
verbinden (vt)	ပတ်တီးစည်းသည်	pa' ti: ze: de
Verband (m)	ပတ်တီးစည်းခြင်း	pa' ti: ze: gjin:
Impfung (f)	ကာကွယ်ဆေးထိုးခြင်း	ka gwe hsei: dou: gjin:
impfen (vt)	ကာကွယ်ဆေးထိုးသည်	ka gwe hsei: dou: de
Spritze (f)	ဆေးထိုးခြင်း	hsei: dou: gjin:
eine Spritze geben	ဆေးထိုးသည်	hsei: dou: de
Anfall (m)	ရောဂါ ရုတ်တရက်ကျရောက်ခြင်း	jo ga jou' ta. je' kja. jau' chin:
Amputation (f)	ဖြတ်တောက်ကုသခြင်း	hpja' tau' ku. dha gjin:
amputieren (vt)	ဖြတ်တောက်ကုသသည်	hpja' tau' ku. dha de
Koma (n)	မေ့မြောခြင်း	mei. mjo: gjin:
im Koma liegen	မေ့မြောသည်	mei. mjo: de
Reanimation (f)	အသွမ်းကုန်ပြုစုခြင်း	aswan: boun bju. zu. bjin:
genesen von … (vi)	ရောဂါသက်သာလာသည်	jo ga dhe' tha la de
Zustand (m)	ကျန်းမာရေးအခြေအနေ	kjan: ma jei: achei a nei
Bewusstsein (n)	ပြန်လည်သတိရလာခြင်း	pjan le dhadi. ja. la. gjin:
Gedächtnis (n)	မှတ်ဉာဏ်	hma' njan
ziehen (einen Zahn ~)	နုတ်သည်	hna' te
Plombe (f)	သွားပေါက်ဖာထေးမှု	thwa: bau' hpa dei: hmu.
plombieren (vt)	ဖာသည်	hpa de
Hypnose (f)	အိပ်မွေ့ရခြင်း	ei' mwei. gja. gjin:
hypnotisieren (vt)	အိပ်မွေ့ရသည်	ei' mwei. gja. de

67. Medizin. Medikamente. Accessoires

Arznei (f)	ဆေးဝါး	hsei: wa:
Heilmittel (n)	ကုသခြင်း	ku. dha. gjin:

verschreiben (vt)	ဆေးအညွှန်းပေးသည်	hsa: ahnjun: bwe: de
Rezept (n)	ဆေးညွှန်း	hsei: hnjun:
Tablette (f)	ဆေးပြား	hsei: bja:
Salbe (f)	လိမ်းဆေး	lein: zei:
Ampulle (f)	လေလုံဖန်ပုလင်းငယ်	lei loun ban bu. lin: nge
Mixtur (f)	စပ်ဆေးရည်	sa' ei: je
Sirup (m)	ဖျော်ရည်ဆီ	hpjo jei zi
Pille (f)	ဆေးတောင့်	hsei: daun.
Pulver (n)	အမှုန့်	ahmoun.
Verband (m)	ပတ်တီး	pa' ti:
Watte (f)	ဂွမ်းလိပ်	gwan: lei'
Jod (n)	တင်ဂျာအိုင်ဒင်း	tin gja ein din:
Pflaster (n)	ပလာစတာ	pa. la sata
Pipette (f)	မျက်စဉ်းဆတ်ကိရိယာ	mje' zin: ba' ki. ji. ja
Thermometer (n)	အပူချိန်တိုင်းကိရိယာ	apu gjein dain: gi. ji. ja
Spritze (f)	ဆေးထိုးပြွတ်	hsei: dou: bju'
Rollstuhl (m)	ဘီးတပ်ကုလားထိုင်	bi: da' ku. la: dain
Krücken (pl)	ချိုင်းထောက်	chain: dau'
Betäubungsmittel (n)	အကိုက်အခဲပျောက်ဆေး	akai' akhe: pjau' hsei:
Abführmittel (n)	ဝမ်းနုတ်ဆေး	wan: hnou' hsei:
Spiritus (m)	အရက်ပြူ	aje' pjan
Heilkraut (n)	ဆေးဖက်ဝင်အပင်များ	hsei: hpa' win apin mja:
Kräuter- (z.B. Kräutertee)	ဆေးဖက်ဝင်အပင် နှင့်ထိုင်သော	hsei: hpa' win apin hnin. zain de.

WOHNUNG

68. Wohnung

Wohnung (f)	တိုက်ခန်း	tai' khan:
Zimmer (n)	အခန်း	akhan:
Schlafzimmer (n)	အိပ်ခန်း	ei' khan;
Esszimmer (n)	ထမင်းစားခန်း	htamin: za: gan:
Wohnzimmer (n)	ဧည့်ခန်း	e. gan:
Arbeitszimmer (n)	အိမ်တွင်းရုံးခန်းလေး	ein dwin: joun: gan: lei:
Vorzimmer (n)	ဝင်ပေါက်	win bau'
Badezimmer (n)	ရေချိုးခန်း	jei gjou gan:
Toilette (f)	အိမ်သာ	ein dha
Decke (f)	မျက်နှာကျက်	mje' hna gje'
Fußboden (m)	ကြမ်းပြင်	kan: pjin
Ecke (f)	ထောင့်	htaun.

69. Möbel. Innenausstattung

Möbel (n)	ပရိဘောဂ	pa ri. bo: ga.
Tisch (m)	စားပွဲ	sa: bwe:
Stuhl (m)	ကုလားထိုင်	kala: dain
Bett (n)	ကုတင်	ku din
Sofa (n)	ဆိုဖာ	hsou hpa
Sessel (m)	လက်တင်ပါသောကုလားထိုင်	le' tin ba dho: ku. la: dain
Bücherschrank (m)	စာအုပ်စင်	sa ou' sin
Regal (n)	စင်	sin
Schrank (m)	ဗီရို	bi jou
Hakenleiste (f)	နံရံကပ်အဝတ်ချိတ်စင်	nan jan ga' awu' gei' zin
Kleiderständer (m)	အဝတ်ချိတ်စင်	awu' gjei' sin
Kommode (f)	အံဆွဲပါ မှန်တင်ခုံ	an. zwe: pa hman din khoun
Couchtisch (m)	စားပွဲပု	sa: bwe: bu.
Spiegel (m)	မှန်	hman
Teppich (m)	ကော်ဇော	ko zo:
Matte (kleiner Teppich)	ကော်ဇော	ko zo:
Kamin (m)	မီးလင်းဗို	mi: lin: bou
Kerze (f)	ဖယောင်းတိုင်	hpa. jaun dain
Kerzenleuchter (m)	ဖယောင်းတိုင်စိုက်သောတိုင်	hpa. jaun dain zou' tho dain
Vorhänge (pl)	ခန်းဆီးရှည်	khan: zi: shei
Tapete (f)	နံရံကပ်စက္ကူ	nan jan ga' se' ku

Jalousie (f)	ယင်းလိပ်	jin: lei'
Tischlampe (f)	စားပွဲတင်မီးအိမ်	sa: bwe: din mi: ein
Leuchte (f)	နံရံကပ်မီး	nan jan ga' mi:
Stehlampe (f)	မတ်တပ်မီးစလောင်း	ma' ta' mi: za. laun:
Kronleuchter (m)	မီးပန်းဆိုင်း	mi: ban: zain:

Bein (Tischbein usw.)	ခြေထောက်	chei htau'
Armlehne (f)	လက်တန်း	le' tan:
Lehne (f)	နောက်မှီ	nau' mi
Schublade (f)	အံဆွဲ	an. zwe:

70. Bettwäsche

Bettwäsche (f)	အိပ်ရာခင်းများ	ei' ja khin: mja:
Kissen (n)	ခေါင်းအုံး	gaun: oun:
Kissenbezug (m)	ခေါင်းအုပ်	gaun: zu'
Bettdecke (f)	စောင်	saun
Laken (n)	အိပ်ရာခင်း	ei' ja khin:
Tagesdecke (f)	အိပ်ရာဖုံး	ei' ja hpoun:

71. Küche

Küche (f)	မီးဖိုခန်း	mi: bou gan:
Gas (n)	ဓာတ်ငွေ့	da' ngwei.
Gasherd (m)	ဂတ်စ်မီးဖို	ga' s mi: bou
Elektroherd (m)	လျှပ်စစ်မီးဖို	hlja' si' si: bou
Backofen (m)	မုန့် ဖုတ်ရန်ဖို	moun. bou' jan bou
Mikrowellenherd (m)	မိုက်ခရိုဝေ့ဗ်	mou' kha. jou wei. b

Kühlschrank (m)	ရေခဲသေတ္တာ	je ge: dhi' ta
Tiefkühltruhe (f)	ရေခဲခန်း	jei ge: gan:
Geschirrspülmaschine (f)	ပန်းကန်ဆေးစက်	bagan: zei: ze'

Fleischwolf (m)	အသားကြိတ်စက်	atha: kjei' za'
Saftpresse (f)	အသီးဖျော်စက်	athi: hpjo ze'
Toaster (m)	ပေါင်မုန့်ကင်စက်	paun moun. gin ze'
Mixer (m)	မွှေစက်	hmwei ze'

Kaffeemaschine (f)	ကော်ဖီဖျော်စက်	ko hpi hpjo ze'
Kaffeekanne (f)	ကော်ဖီအိုး	ko hpi ou:
Kaffeemühle (f)	ကော်ဖီကြိတ်စက်	ko hpi kjei ze'

Wasserkessel (m)	ရေနွေးကရားအိုး	jei nwei: gaja: ou:
Teekanne (f)	လက်ဘက်ရည်အိုး	le' be' ji ou:
Deckel (m)	အိုးအဖုံး	ou: ahpoun:
Teesieb (n)	လက်ဖက်ရည်စစ်	le' hpe' ji zi'

Löffel (m)	ဇွန်း	zun:
Teelöffel (m)	လက်ဖက်ရည်ဇွန်း	le' hpe' ji zwan:
Esslöffel (m)	အရည်သောက်ဇွန်း	aja: dhau' zun:
Gabel (f)	ခက်ရင်း	khajin:
Messer (n)	ဓား	da:

Geschirr (n)	အိုးခွက်ပန်းကန်	ou: kwe' pan: gan
Teller (m)	ပန်းကန်ပြား	bagan: bja:
Untertasse (f)	အောက်ခံပန်းကန်ပြား	au' khan ban: kan pja:

Schnapsglas (n)	ဖန်ခွက်	hpan gwe'
Glas (n)	ဖန်ခွက်	hpan gwe'
Tasse (f)	ခွက်	khwe'

Zuckerdose (f)	သကြားခွက်	dhagja: khwe'
Salzstreuer (m)	ဆားဘူး	hsa: bu:
Pfefferstreuer (m)	ငြုတ်ကောင်းဘူး	njou' kaun: bu:
Butterdose (f)	ထောပတ်ခွက်	hto: ba' khwe'

Kochtopf (m)	ပေါင်းအိုး	paun: ou:
Pfanne (f)	ဟင်းကြော်အိုး	hin: gjo ou:
Schöpflöffel (m)	ဟင်းခပ်ဇွန်း	hin: ga' zun
Durchschlag (m)	ဆန်ခါ	zaga
Tablett (n)	လင်ပန်း	lin ban:

Flasche (f)	ပုလင်း	palin:
Glas (Einmachglas)	ဖန်ဘူး	hpan bu:
Dose (f)	သံဘူး	than bu:

Flaschenöffner (m)	ပုလင်းဖောက်တံ	pu. lin: bau' tan
Dosenöffner (m)	သံဘူးဖောက်တံ	than bu: bau' tan
Korkenzieher (m)	ဝက်အူဖောက်တံ	we' u bau' dan
Filter (n)	ရေစစ်	jei zi'
filtern (vt)	စစ်သည်	si' te

| Müll (m) | အမှိုက် | ahmai' |
| Mülleimer, Treteimer (m) | အမှိုက်ပုံး | ahmai' poun: |

72. Bad

Badezimmer (n)	ရေချိုးခန်း	jei gjou gan:
Wasser (n)	ရေ	jei
Wasserhahn (m)	ရေပိုက်ခေါင်း	jei bai' khaun:
Warmwasser (n)	ရေပူ	jei bu
Kaltwasser (n)	ရေအေး	jei ei:

Zahnpasta (f)	သွားတိုက်ဆေး	thwa: tai' hsei:
Zähne putzen	သွားတိုက်သည်	thwa: tai' te
Zahnbürste (f)	သွားတိုက်တံ	thwa: tai' tan

sich rasieren	ရိတ်သည်	jei' te
Rasierschaum (m)	မုတ်ဆိတ်ရိတ်သုံး	mou' hsei' jei' thoun:
	ဆပ်ပြာမြှုပ်	za' pja hmjou'
Rasierer (m)	သင်တုန်းဓား	thin toun: da:

waschen (vt)	ဆေးသည်	hsei: de
sich waschen	ရေချိုးသည်	jei gjou: de
Dusche (f)	ရေပန်း	jei ban:
sich duschen	ရေချိုးသည်	jei gjou: de
Badewanne (f)	ရေချိုးကန်	jei gjou: gan

| Klosettbecken (n) | အိမ်သာ | ein dha |
| Waschbecken (n) | လက်ဆေးကန် | le' hsei: kan |

| Seife (f) | ဆပ်ပြာ | hsa' pja |
| Seifenschale (f) | ဆပ်ပြာခွက် | hsa' pja gwe' |

Schwamm (m)	ရေမြှုပ်	jei hmjou'
Shampoo (n)	ခေါင်းလျှော်ရည်	gaun: sho je
Handtuch (n)	တဘက်	tabe'
Bademantel (m)	ရေချိုးခန်းဝတ်စုံ	jei gjou: gan: wu' soun

Wäsche (f)	အဝတ်လျှော်ခြင်း	awu' sho gjin
Waschmaschine (f)	အဝတ်လျှော်စက်	awu' sho ze'
waschen (vt)	ဒီဘိလျော်သည်	dou bi jo de
Waschpulver (n)	အဝတ်လျှော်ဆပ်ပြာမှုန့်.	awu' sho hsa' pja hmun.

73. Haushaltsgeräte

Fernseher (m)	ရုပ်မြင်သံကြားစက်	jou' mjin dhan gja: ze'
Tonbandgerät (n)	အသံသွင်းစက်	athan dhwin: za'
Videorekorder (m)	ဗီဒီယိုပြစက်	bi di jou bja. ze'
Empfänger (m)	ရေဒီယို	rei di jou
Player (m)	ပလေယာစက်	pa. lei ja ze'

Videoprojektor (m)	ဗီဒီယိုရှိုးဂျက်တာ	bi di jou pa. jou gje' da
Heimkino (n)	အိမ်တွင်းရုပ်ရှင်ခန်း	ein dwin: jou' shin gan:
DVD-Player (m)	ဒီဗီဒီပလေယာ	di bi di ba lei ja
Verstärker (m)	အသံချဲ့စက်	athan che. zek
Spielkonsole (f)	ဂိမ်းဆလုပ်	gein: kha lou'

Videokamera (f)	ဗွီဒီယိုကင်မရာ	bwi di jou kin ma. ja
Kamera (f)	ကင်မရာ	kin ma. ja
Digitalkamera (f)	ဒီဂျစ်တယ်ကင်မရာ	digji' te gin ma. ja

Staubsauger (m)	ဖုန်စုပ်စက်	hpoun zou' se'
Bügeleisen (n)	မီးပူ	mi: bu
Bügelbrett (n)	မီးပူတိုက်ရန်စင်	mi: bu tai' jan zin

Telefon (n)	တယ်လီဖုန်း	te li hpoun:
Mobiltelefon (n)	မိုဘိုင်းဖုန်း	mou bain: hpoun:
Schreibmaschine (f)	လက်နှိပ်စက်	le' hnei' se'
Nähmaschine (f)	အပ်ချုပ်စက်	a' chou' se'

Mikrophon (n)	စကားပြောခွက်	zaga: bjo: gwe'
Kopfhörer (m)	နားကြပ်	na: kja'
Fernbedienung (f)	အဝေးထိန်းကိရိယာ	awei: htin: ki. ja. ja

CD (f)	စီဒီပြား	si di bja:
Kassette (f)	တိပ်ခွေ	tei' khwei
Schallplatte (f)	ရေးခွေတ်သုံးတောတ်ပြား	shei: gi' thoun da' pja:

DIE ERDE. WETTER

74. Weltall

Kosmos (m)	အာကာသ	akatha.
kosmisch, Raum-	အာကာသနှင့်ဆိုင်သော	akatha. hnin zain dho:
Weltraum (m)	အာကာသဟာင်းလင်းပြင်	akatha. hin: lin: bjin
All (n)	ကမ္ဘာ	ga ba
Universum (n)	စကြာဝဠာ	sa kja wa. la
Galaxie (f)	ကြယ်စုတန်း	kje zu. dan:
Stern (m)	ကြယ်	kje
Gestirn (n)	ကြယ်နက္ခတ်စု	kje ne' kha' zu.
Planet (m)	ဂြိုဟ်	gjou
Satellit (m)	ဂြိုဟ်ငယ်	gjou nge
Meteorit (m)	ဥက္ကာခဲ	ou' ka ge:
Komet (m)	ကြယ်တံခွန်	kje dagun
Asteroid (m)	ဂြိုဟ်သိမ်ဂြိုဟ်မွှား	gjou dhein gjou hmwa:
Umlaufbahn (f)	ပတ်လမ်း	pa' lan:
sich drehen	လည်သည်	le de
Atmosphäre (f)	လေထု	lei du.
Sonne (f)	နေ	nei
Sonnensystem (n)	နေစကြာဝဠာ	nei ze kja. wala
Sonnenfinsternis (f)	နေကြတ်ခြင်း	nei gja' chin:
Erde (f)	ကမ္ဘာလုံး	ga ba loun:
Mond (m)	လ	la.
Mars (m)	အင်္ဂါဂြိုဟ်	in ga gjou
Venus (f)	သောကြာဂြိုဟ်	thau' kja gjou'
Jupiter (m)	ကြာသပတေးဂြိုဟ်	kja dha ba. dei: gjou'
Saturn (m)	စနေဂြိုဟ်	sanei gjou'
Merkur (m)	ဗုဒ္ဓဟူးဂြိုဟ်	bou' da. gjou'
Uran (m)	ယူရေးနပ်ဂြိုဟ်	ju rei: na' gjou
Neptun (m)	နက်ပကျုန်းဂြိုဟ်	ne' pa. gjun: gjou
Pluto (m)	ပလူတိုဂြိုဟ်	pa lu tou gjou '
Milchstraße (f)	နဂါးငွေ့ကြယ်စုတန်း	na. ga: ngwe. gje zu dan:
Der Große Bär	မြောက်ပိုင်းဂရိတ်ဘဲးရ်ကြယ်စု	mjau' pain: gajei' be:j gje zu.
Polarstern (m)	ဓ္ရုဝ်ကြယ်	du wan gje
Marsbewohner (m)	အင်္ဂါဂြိုဟ်သား	in ga gjou dha:
Außerirdischer (m)	အခြားကမ္ဘာဂြိုဟ်သား	apja: ga ba gjou dha
außerirdisches Wesen (n)	ဂြိုဟ်သား	gjou dha:

fliegende Untertasse (f)	ပန်းကန်ပြားပျံ	bagan: bja: bjan
Raumschiff (n)	အာကာသယာဉ်	akatha. jin
Raumstation (f)	အာကာသစခန်း	akatha. za khan:
Raketenstart (m)	လွှတ်တင်ခြင်း	hlu' tin gjin:
Triebwerk (n)	အင်ဂျင်	in gjin
Düse (f)	နော်ဇယ်	no ze
Treibstoff (m)	လောင်စာ	laun za
Kabine (f)	လေယာဉ်မောင်းအခန်း	lei jan maun akhan:
Antenne (f)	အင်တန်နာတိုင်	in tan na tain
Bullauge (n)	ပြတင်း	badin:
Sonnenbatterie (f)	နေရောင်ခြည်သုံးဘတ်ထရီ	nei jaun gje dhoun: ba' hta ji
Raumanzug (m)	အာကာသဝတ်စုံ	akatha. wu' soun
Schwerelosigkeit (f)	အလေးချိန်ကင်းမဲ့ခြင်း	alei: gjein gin: me. gjin:
Sauerstoff (m)	အောက်ဆီဂျင်	au' hsi gjin
Ankopplung (f)	အာကာသထဲချိတ်ဆက်ခြင်း	akatha. hte: chei' hse' chin:
koppeln (vi)	အာကာသထဲချိတ်ဆက်သည်	akatha. hte: chei' hse' te
Observatorium (n)	နက္ခတ်မျှော်စင်	ne' kha' ta. mjo zin
Teleskop (n)	အဝေးကြည့်မှန်ပြောင်း	awei: gji. hman bjaun:
beobachten (vt)	လေ့လာကြည့်ရှုသည်	lei. la kji. hju. de
erforschen (vt)	သုတေသနပြုသည်	thu. tei thana bjou de

75. Die Erde

Erde (f)	ကမ္ဘာမြေကြီး	ga ba mjei kji:
Erdkugel (f)	ကမ္ဘာလုံး	ga ba loun:
Planet (m)	ဂြိုဟ်	gjou
Atmosphäre (f)	လေထု	lei du.
Geographie (f)	ပထဝီဝင်	pahtawi win
Natur (f)	သဘာဝ	tha. bawa
Globus (m)	ကမ္ဘာလုံး	ga ba loun:
Landkarte (f)	မြေပုံ	mjei boun
Atlas (m)	မြေပုံစာအုပ်	mjei boun za ou'
Europa (n)	ဥရောပ	u. jo: pa
Asien (n)	အာရှ	a sha.
Afrika (n)	အာဖရိက	apha. ri. ka.
Australien (n)	ဩစတြေးလျ	thja za djei: lja
Amerika (n)	အမေရိက	amei ji ka
Nordamerika (n)	မြောက်အမေရိက	mjau' amei ri. ka.
Südamerika (n)	တောင်အမေရိက	taun amei ri. ka.
Antarktis (f)	အန္တာတိတ်	anta di'
Arktis (f)	အာတိတ်	a tei'

76. Himmelsrichtungen

Norden (m)	မြောက်အရပ်	mjau' aja'
nach Norden	မြောက်ဘက်သို့	mjau' be' thou.
im Norden	မြောက်ဘက်မှာ	mjau' be' hma
nördlich	မြောက်အရပ်နှင့်ဆိုင်သော	mjau' aja' hnin. zain de.
Süden (m)	တောင်အရပ်	taun aja'
nach Süden	တောင်ဘက်သို့	taun be' thou.
im Süden	တောင်ဘက်မှာ	taun be' hma
südlich	တောင်အရပ်နှင့်ဆိုင်သော	taun aja' hnin. zain de.
Westen (m)	အနောက်အရပ်	anau' aja'
nach Westen	အနောက်ဘက်သို့	anau' be' thou.
im Westen	အနောက်ဘက်မှာ	anau' be' hma
westlich, West-	အနောက်အရပ်နှင့်ဆိုင်သော	anau' aja' hnin. zain dho:
Osten (m)	အရှေ့အရပ်	ashei. aja'
nach Osten	အရှေ့ဘက်သို့	ashei. be' hma
im Osten	အရှေ့ဘက်မှာ	ashei. be' hma
östlich	အရှေ့အရပ်နှင့်ဆိုင်သော	ashei. aja' hnin. zain de.

77. Meer. Ozean

Meer (n), See (f)	ပင်လယ်	pin le
Ozean (m)	သမုဒ္ဒရာ	thamou' daja
Golf (m)	ပင်လယ်ကွေ့	pin le gwe.
Meerenge (f)	ရေလက်ကြား	jei le' kja:
Festland (n)	ကုန်းမြေ	koun: mei
Kontinent (m)	တိုက်	tai'
Insel (f)	ကျွန်း	kjun:
Halbinsel (f)	ကျွန်းဆွယ်	kjun: zwe
Archipel (m)	ကျွန်းစု	kjun: zu.
Bucht (f)	အော်	o
Hafen (m)	သင်္ဘောဆိပ်ကမ်း	thin: bo: zei' kan:
Lagune (f)	ပင်လယ်ထုံးအိုင်	pin le doun: ain
Kap (n)	အငူ	angu
Atoll (n)	သန္တာကျောက်တန်းကျွန်းငယ်	than da gjau' tan: gjun: nge
Riff (n)	ကျောက်တန်း	kjau' tan:
Koralle (f)	သန္တာကောင်	than da gaun
Korallenriff (n)	သန္တာကျောက်တန်း	than da gjau' tan:
tief (Adj)	နက်သော	ne' te.
Tiefe (f)	အနက်	ane'
Abgrund (m)	ချောက်နက်ကြီး	chau' ne' kji:
Graben (m)	မြောင်း	mjaun:
Strom (m)	စီးဧကြောင်း	si: gaun:
umspülen (vt)	ဝိုင်းသည်	wain: de

| Ufer (n) | ကမ်းစပ် | kan: za' |
| Küste (f) | ကမ်းခြေ | kan: gjei |

Flut (f)	ရေတက်	jei de'
Ebbe (f)	ရေကျ	jei gja.
Sandbank (f)	သောင်စွယ်	thaun zwe
Boden (m)	ကြမ်းပြင်	kan: pjin

Welle (f)	လှိုင်း	hlain:
Wellenkamm (m)	လှိုင်းခေါင်းဖြူ	hlain: gaun: bju.
Schaum (m)	အမြှုပ်	a hmjou'

Sturm (m)	မုန်တိုင်း	moun dain:
Orkan (m)	ဟာရီကိန်းမုန်တိုင်း	ha ji gain: moun dain:
Tsunami (m)	ဆူနာမီ	hsu na mi
Windstille (f)	ရေသော	jei dhe
ruhig	ငြိမ်သက်အေးဆေးသော	njein dhe' ei: zei: de.

| Pol (m) | ဝင်ရိုးစွန်း | win jou: zun |
| Polar- | ဝင်ရိုးစွန်းနှင့်ဆိုင်သော | win jou: zun hnin. zain de. |

Breite (f)	လတ္တီတွဒ်	la' ti. tu'
Länge (f)	လောင်ဂျီတွဒ်	laun gji twa'
Breitenkreis (m)	လတ္တီတွဒ်မျဉ်း	la' ti. tu' mjin:
Äquator (m)	အီကွေတာ	i kwei: da

Himmel (m)	ကောင်းကင်	kaun: gin
Horizont (m)	မိုးကုပ်စက်ဝိုင်း	mou kou' se' wain:
Luft (f)	လေထု	lei du.

Leuchtturm (m)	မီးပြတိုက်	mi: bja dai'
tauchen (vi)	ရေငုပ်သည်	jei ngou' te
versinken (vi)	ရေမြုပ်သည်	jei mjou' te
Schätze (pl)	ရတနာ	jadana

78. Namen der Meere und Ozeane

Atlantischer Ozean (m)	အတ္တလန္တိတ် သမုဒ္ဒရာ	a' ta. lan ti' thamou' daja
Indischer Ozean (m)	အိန္ဒိယ သမုဒ္ဒရာ	indi. ja thamou. daja
Pazifischer Ozean (m)	ပစိဖိတ် သမုဒ္ဒရာ	pa. si. hpi' thamou' daja
Arktischer Ozean (m)	အာတိတ် သမုဒ္ဒရာ	a tei' thamou' daja

Schwarzes Meer (n)	ပင်လယ်နက်	pin le ne'
Rotes Meer (n)	ပင်လယ်နီ	pin le ni
Gelbes Meer (n)	ပင်လယ်ဝါ	pin le wa
Weißes Meer (n)	ပင်လယ်ဖြူ	pin le bju

Kaspisches Meer (n)	ကက်စပီယန် ပင်လယ်	ke' za. pi jan pin le
Totes Meer (n)	ပင်လယ်သေ	pin le dhe:
Mittelmeer (n)	မြေထဲပင်လယ်	mjei hte: bin le

Ägäisches Meer (n)	အေဂီယန်းပင်လယ်	ei gi jan: bin le
Adriatisches Meer (n)	အဒရာတစ်ပင်လယ်	a da yi ya ti' pin le
Arabisches Meer (n)	အာရေဗီးယန်း ပင်လယ်	a ra bi: an: bin le

Japanisches Meer (n)	ဂျပန် ပင်လယ်	gja pan pin le
Beringmeer (n)	ဘယ်ရင်း ပင်လယ်	be jin: bin le
Südchinesisches Meer (n)	တော်တရုတ်ပင်လယ်	taun dajou' pinle

Korallenmeer (n)	ကော်ရယ်လ်လ်ပင်လယ်	ko je l pin le
Tasmansee (f)	တက်စမန်းပင်လယ်	te' sa. man: bin le
Karibisches Meer (n)	ကာရေးဘီးယန်းပင်လယ်	ka rei: bi: jan: bin le

| Barentssee (f) | ဘာရန့်စ် ပင်လယ် | ba jan's bin le |
| Karasee (f) | ကာရာ ပင်လယ် | kara bin le |

Nordsee (f)	မြောက်ပင်လယ်	mjau' pin le
Ostsee (f)	ဘောလ်တစ်ပင်လယ်	bo' l ti' pin le
Nordmeer (n)	နော်ဝေးဂျီယန်း ပင်လယ်	no wei: bin le

79. Berge

Berg (m)	တောင်	taun
Gebirgskette (f)	တောင်တန်း	taun dan:
Bergrücken (m)	တောင်ကြော	taun gjo:

Gipfel (m)	ထိပ်	htei'
Spitze (f)	တောင်ထွတ်	taun htu'
Bergfuß (m)	တောင်ခြေ	taun gjei
Abhang (m)	တောင်စောင်း	taun zaun:

Vulkan (m)	မီးတောင်	mi: daun
tätiger Vulkan (m)	မီးတောင်ရှင်	mi: daun shin
schlafender Vulkan (m)	မီးငြိမ်းတောင်	mi: njein: daun

Ausbruch (m)	မီးတောင်ပေါက်ကွဲခြင်း	mi: daun pau' kwe: gjin:
Krater (m)	မီးတောင်ဝ	mi: daun wa.
Magma (n)	ကျောက်ရည်ပူ	kjau' ji bu
Lava (f)	ရှော်ရည်	cho ji
glühend heiß (-e Lava)	အရမ်းပူသော	ajam: bu de.

Cañon (m)	တောင်ကြားချိုင့်ဝှမ်းနက်	taun gja: gjain. hwan: ne'
Schlucht (f)	တောင်ကြား	taun gja:
Spalte (f)	အက်ကွဲကြောင်း	e' kwe: gjaun:
Abgrund (m) (steiler ~)	ရှောက်ကမ်းပါး	chau' kan: ba:

Gebirgspass (m)	တောင်ကြားလမ်း	taun gja: lan:
Plateau (n)	ကုန်းပြင်မြင့်	koun: bjin mjin:
Fels (m)	ကျောက်ဆောင်	kjau' hsain
Hügel (m)	တောင်ကုန်း	taun goun:

Gletscher (m)	ရေခဲမြစ်	jei ge: mji'
Wasserfall (m)	ရေတံခွန်	jei dan khun
Geiser (m)	ရေပူဝမ်း	jei bu zan:
See (m)	ရေကန်	jei gan

Ebene (f)	မြေပြန့်	mjei bjan:
Landschaft (f)	ရှုခင်း	shu. gin:
Echo (n)	ပဲ့တင်သံ	pe. din than

Bergsteiger (m)	တောင်တက်သမား	taun de' thama:
Kletterer (m)	ကျောက်တောင်တက်သမား	kjau' taun de dha ma:
bezwingen (vt)	အောင်နိုင်သူ	aun nain dhu
Aufstieg (m)	တောင်တက်ခြင်း	taun de' chin:

80. Namen der Berge

Alpen (pl)	အဲလ်ပ်တောင်	e.lp daun
Montblanc (m)	မောင့်ဘလန့်စ်တောင်	maun. ba. lan. s taun
Pyrenäen (pl)	ပီရန်းနီးစ်တောင်	pi jan: ni:s taun
Karpaten (pl)	ကာပသီယန်စ်တောင်	ka pa. dhi jan s taun
Uralgebirge (n)	ယူရယ်တောင်တန်း	ju re daun dan:
Kaukasus (m)	ကော့ကေးဆပ်တောင်တန်း	ko: kei: zi' taun dan:
Elbrus (m)	အယ်ဘရုတ်စ်တောင်	e ba. ja's daun
Altai (m)	အယ်လတိုင်တောင်	e la. tain daun
Tian Shan (m)	တိုင်ယန်ရှန်းတောင်	tain jan shin: daun
Pamir (m)	ပါမီယာတောင်တန်း	pa mi ja daun dan:
Himalaja (m)	ဟိမဝန္တာတောင်တန်း	hi. ma. wan da daun dan:
Everest (m)	ဧဝရတ်တောင်	ei wa. ja' taun
Anden (pl)	အန်းဒီးတောင်တန်း	an: di daun dan:
Kilimandscharo (m)	ကီလီမန်ဂျာဝိုတောင်	ki li man gja gou daun

81. Flüsse

Fluss (m)	မြစ်	mji'
Quelle (f)	စမ်း	san:
Flussbett (n)	ရေကြောစီးကြောင်း	jei gjo: zi: gjaun:
Stromgebiet (n)	မြစ်ချိုင့်ဝှမ်း	mji' chain. hwan:
einmünden in ...	စီးဝင်သည်	si: win de
Nebenfluss (m)	မြစ်လက်တက်	mji' le' te'
Ufer (n)	ကမ်း	kan:
Strom (m)	စီးကြောင်း	si: gaun:
stromabwärts	ရေစုန်	jei zoun
stromaufwärts	ရေဆန်	jei zan
Überschwemmung (f)	ရေကြီးမှု	jei gji: hmu.
Hochwasser (n)	ရေလျှံခြင်း	jei shan gjin:
aus den Ufern treten	လျှံသည်	shan de
überfluten (vt)	ရေလွှမ်းသည်	jei hlwan: de
Sandbank (f)	ရေတိမ်ပိုင်း	jei dein bain:
Stromschnelle (f)	ရေအောက်ကျောက်ဆောင်	jei au' kjau' hsaun
Damm (m)	ဆည်	hse
Kanal (m)	တူးမြောင်း	tu: mjaun:
Stausee (m)	ရေလှောင်ကန်	jei hlaun gan
Schleuse (f)	ရေလွှဲပေါက်	jei hlwe: bau'

Gewässer (n)	ေရထု	jei du.
Sumpf (m), Moor (n)	နွံ, ညွန်	shwan njun
Marsch (f)	စိမ့်ေြမ	sein. mjei
Strudel (m)	ေရဝဲ	jei we:

Bach (m)	ေချာင်းကေလး	chaun: galei:
Trink- (z.B. Trinkwasser)	ေသာက်ေရ	thau' jei
Süß- (Wasser)	ေရချို	jei gjou

| Eis (n) | ေရခဲ | jei ge: |
| zufrieren (vi) | ေရခဲသည် | jei ge: de |

82. Namen der Flüsse

| Seine (f) | စိန်ြမစ် | sein mji' |
| Loire (f) | ေလာရှိြမစ် | lo ji mji' |

Themse (f)	သိမ်းြမစ်	thain: mji'
Rhein (m)	ရိင်းြမစ်	rain: mji'
Donau (f)	ဒိနယုြမစ်	din na. ju mji'

Wolga (f)	ေဗါလဂါြမစ်	bo la. ga mja'
Don (m)	ဒွန်ြမစ်	dun mja'
Lena (f)	လီနာြမစ်	li na mji'

Gelber Fluss (m)	ြမစ်ဝါ	mji' wa
Jangtse (m)	ရန်ဇီးြမစ်	jan zi: mji'
Mekong (m)	မဲေခါင်ြမစ်	me: gaun mji'
Ganges (m)	ဂင်္ဂါြမစ်	gan ga. mji'

Nil (m)	နိင်းြမစ်	nain: mji'
Kongo (m)	ကွန်ဂိုြမစ်	kun gou mji'
Okavango (m)	အိုကာဗန်ဂိုြမစ်	ai' hou ban
Sambesi (m)	ဇမ်ဘီဇီးြမစ်	zan bi zi: mji'
Limpopo (m)	လင်ပိုပိုြမစ်	lin po pou mji'
Mississippi (m)	မစ်စစ္စပ်ြမစ်	mi' si. si. pi. mji'

83. Wald

| Wald (m) | သစ်ေတာ | thi' to: |
| Wald- | သစ်ေတာနှင့်ဆိုင်ေသာ | thi' to: hnin. zain de. |

Dickicht (n)	ထူထပ်ေသာေတာ	htu da' te. do:
Gehölz (n)	သစ်ပင်အုပ်	thi' pin ou'
Lichtung (f)	ေတာတွင်းလဟာြပင်	to: dwin: la. ha bjin

| Dickicht (n) | ချုံပိတ်ေပါင်း | choun bei' paun: |
| Gebüsch (n) | ချုံထေနာင်းေတာ | choun hta naun: de. |

Fußweg (m)	လူသွားလမ်းကေလး	lu dhwa: lan: ga. lei:
Erosionsrinne (f)	လျှို	shou
Baum (m)	သစ်ပင်	thi' pin

Blatt (n)	သစ်ရွက်	thi' jwe'
Laub (n)	သစ်ရွက်များ	thi' jwe' mja:

Laubfall (m)	သစ်ရွက်ကြွခြင်း	thi' jwe' kjwei gjin:
fallen (Blätter)	သစ်ရွက်ကြွသည်	thi' jwe' kjwei de
Wipfel (m)	အဖျား	ahpja:

Zweig (m)	အကိုင်းခွဲ	akain: khwe:
Ast (m)	ပင်မကိုင်း	pin ma. gain:
Knospe (f)	အဖူး	ahpu:
Nadel (f)	အပ်နှင့်တူသောအရွက်	a' hnin. bu de. ajwe'
Zapfen (m)	ထင်းရှူးသီး	htin: shu: dhi:

Höhlung (f)	အခေါင်းပေါက်	akhaun: bau'
Nest (n)	ငှက်သိုက်	hnge' thai'
Höhle (f)	မြေတွင်း	mjei dwin:

Stamm (m)	ပင်စည်	pin ze
Wurzel (f)	အမြစ်	amji'
Rinde (f)	သစ်ခေါက်	thi' khau'
Moos (n)	ရေညှိ	jei hnji.

entwurzeln (vt)	အမြစ်မှဆွဲနှုတ်သည်	amji' hma zwe: hna' te
fällen (vt)	ခုတ်သည်	khou' te
abholzen (vt)	တောပြုန်းစေသည်	to: bjoun: zei de
Baumstumpf (m)	သစ်ငုတ်တို	thi' ngou' tou

Lagerfeuer (n)	မီးပုံ	mi: boun
Waldbrand (m)	မီးလောင်ခြင်း	mi: laun gjin:
löschen (vt)	မီးသတ်သည်	mi: tha' de

Förster (m)	တောခေါင်း	to: gaun:
Schutz (m)	သစ်တောဝန်ထမ်း	thi' to: wun dan:
beschützen (vt)	ထိန်းသိမ်းစောင့်ရှောက်သည်	htein: dhein: zaun. shau' te
Wilddieb (m)	ရိုးယှဉ်	khou: ju dhu
Falle (f)	သံမဏိထောင်ချောက်	than mani. daun gjau'

sammeln (Pilze ~)	ဆွတ်သည်	hsu' te
pflücken (Beeren ~)	ခူးသည်	khu: de
sich verirren	လမ်းပျောက်သည်	lan: bjau' de

84. natürliche Lebensgrundlagen

Naturressourcen (pl)	သယံဇာတ	thajan za da.
Bodenschätze (pl)	တွင်းထွက်ပစ္စည်း	twin: htwe' pji' si:
Vorkommen (n)	နှံ့	noun:
Feld (Ölfeld usw.)	ဓာတ်သတ္တုထွက်ရာမြေ	da' tha' tu dwe' ja mjei

gewinnen (vt)	တူးဖော်သည်	tu: hpo de
Gewinnung (f)	တူးဖော်ခြင်း	tu: hpo gjin:
Erz (n)	သတ္တုရိုင်း	tha' tu. jain:
Bergwerk (n)	သတ္တုတွင်း	tha' tu. dwin:
Schacht (m)	မိုင်းတွင်း	main: dwin:
Bergarbeiter (m)	သတ္တုတွင်း အလုပ်သမား	tha' tu. dwin: alou' thama:

| Erdgas (n) | တက်ခွေ | da' ngwei. |
| Gasleitung (f) | ဓါတ်ခွေပိုက်လိုင်း | da' ngwei. bou' lain: |

Erdöl (n)	ရေနံ	jei nan
Erdölleitung (f)	ရေနံပိုက်လိုင်း	jei nan bou' lain:
Ölquelle (f)	ရေနံတွင်း	jei nan dwin:
Bohrturm (m)	ရေနံစင်	jei nan zin
Tanker (m)	လောင်စာတင်သင်္ဘော	laun za din dhin bo:

Sand (m)	သဲ	the:
Kalkstein (m)	ထုံးကျောက်	htoun: gjau'
Kies (m)	ကျောက်စရစ်	kjau' sa. ji'
Torf (m)	မြေဆွေးခဲ	mjei zwei: ge:
Ton (m)	မြေစေး	mjei zei:
Kohle (f)	ကျောက်မီးသွေး	kjau' mi dhwei:

Eisen (n)	သံ	than
Gold (n)	ရွှေ	shwei
Silber (n)	ငွေ	ngwei
Nickel (n)	နီကယ်	ni ke
Kupfer (n)	ကြေးနီ	kjei: ni

Zink (n)	သွပ်	thu'
Mangan (n)	မဂ္ဂနီစ်	ma' ga. ni:s
Quecksilber (n)	ပြဒါး	bada:
Blei (n)	ခဲ	khe:

Mineral (n)	သတ္တုတား	tha' tu. za:
Kristall (m)	သလင်းကျောက်	thalin: gjau'
Marmor (m)	စကျင်ကျောက်	zagjin kjau'
Uran (n)	ယူရေနီယမ်	ju rei ni jan

85. Wetter

Wetter (n)	ရာသီဥတု	ja dhi nja. tu.
Wetterbericht (m)	မိုးလေဝသခန့်မှန်းချက်	mou: lei wa. dha. gan. hman: gje'
Temperatur (f)	အပူချိန်	apu gjein
Thermometer (n)	သာမိုမီတာ	tha mou mi ta
Barometer (n)	လေဖိအားတိုင်းကိရိယာ	lei bi. a: dain: gi. ji. ja
feucht	စိုထိုင်းသော	sou htain: de
Feuchtigkeit (f)	စိုထိုင်းမှု	sou htain: hmu.
Hitze (f)	အပူရှိန်	apu shein
glutheiß	ပူလောင်သော	pu laun de.
ist heiß	ပူလောင်ခြင်း	pu laun gjin:
ist warm	နွေးခြင်း	nwei: chin:
warm (Adj)	နွေးသော	nwei: de.
ist kalt	အေးခြင်း	ei: gjin:
kalt (Adj)	အေးသော	ei: de.
Sonne (f)	နေ	nei

scheinen (vi)	သာသည်	tha de
sonnig (Adj)	နေသာေသာ	nei dha de.
aufgehen (vi)	နေထွက်သည်	nei dwe' te
untergehen (vi)	နေဝင်သည်	nei win de

Wolke (f)	တိမ်	tein
bewölkt, wolkig	တိမ်ထူေသာ	tein du de
Regenwolke (f)	မိုးတိမ်	mou: dain
trüb (-er Tag)	ညို့နှိုင်းေသာ	njou. hmain: de.

Regen (m)	မိုး	mou:
Es regnet	မိုးရွာသည်	mou: jwa de.
regnerisch (-er Tag)	မိုးရွာေသာ	mou: jwa de.
nieseln (vi)	မိုးဖွဲဖွဲရွာသည်	mou: bwe: bwe: jwa de

strömender Regen (m)	သည်းထန်စွာရွာေသာမိုး	thi: dan zwa jwa dho: mou:
Regenschauer (m)	မိုးပုဆိန်	mou: bu. zain
stark (-er Regen)	မိုးသည်းေသာ	mou: de: de.
Pfütze (f)	ေရအိုင်	jei ain
nass werden (vi)	မိုးမိသည်	mou: mi de

Nebel (m)	မြူ	mju
neblig (-er Tag)	မြူထူထပ်ေသာ	mju htu hta' te.
Schnee (m)	နှင်း	hnin:
Es schneit	နှင်းကျသည်	hnin: gja. de

86. Unwetter Naturkatastrophen

Gewitter (n)	မိုးသက်မုန်တိုင်း	mou: dhe' moun dain:
Blitz (m)	လျှပ်စီး	hlja' si:
blitzen (vi)	လျှပ်ပြက်သည်	hlja' pje' te

Donner (m)	မိုးကြိုး	mou: kjou:
donnern (vi)	မိုးကြိုးပစ်သည်	mou: gjou: pi' te
Es donnert	မိုးကြိုးပစ်သည်	mou: gjou: pi' te

| Hagel (m) | မိုးသီး | mou: dhi: |
| Es hagelt | မိုးသီးေကြွသည် | mou: dhi: gjwei de |

| überfluten (vt) | ေရကြီးသည် | jei gji: de |
| Überschwemmung (f) | ေရကြီးမှု | jei gji: hmu. |

Erdbeben (n)	ငလျင်	nga ljin
Erschütterung (f)	တုန်ခါခြင်း	toun ga gjin:
Epizentrum (n)	ငလျင်ဗဟိုချက်	nga ljin ba hou che'

| Ausbruch (m) | မီးေတာင်ေပါက်ကွဲခြင်း | mi: daun pau' kwe: gjin: |
| Lava (f) | ေချာ်ရည် | cho ji |

Wirbelsturm (m)	ေလဆင်နှာေမာင်း	lei zin hna maun:
Tornado (m)	ေလဆင်နှာေမာင်း	lei zin hna maun:
Taifun (m)	တိုင်ဖွန်းမုန်တိုင်း	tain hpun moun dain:
Orkan (m)	ဟာရီကိန်းမုန်တိုင်း	ha ji gain: moun dain:
Sturm (m)	မုန်တိုင်း	moun dain:

Tsunami (m)	ဆူနာမီ	hsu na mi
Zyklon (m)	ဆိုင်ကလုန်းမုန်တိုင်း	hsain ga. loun: moun dain:
Unwetter (n)	ဆိုးရွားသောရာသီဥတု	hsou: jwa: de. ja dhi u. tu.
Brand (m)	မီးလောင်ခြင်း	mi: laun gjin:
Katastrophe (f)	ဘေးအန္တရာယ်	bei: an daje
Meteorit (m)	ဥက္ကာခဲ	ou' ka ge:
Lawine (f)	ရေခဲနှင့်ကျောက်တုံး များထိုးကျခြင်း	jei ge: hnin kjau' toun: mja: htou: gja. gjin:
Schneelawine (f)	လေတိုက်၍ပြိုဖြစ်နေ သောနှင်းပုံ	lei dou' hpji: bi' nei dho: hnin: boun
Schneegestöber (n)	နှင်းမုန်တိုင်း	hnin: moun dain:
Schneesturm (m)	နှင်းမုန်တိုင်း	hnin: moun dain:

FAUNA

Raubtier (n)	သားရဲ	tha: je:
Tiger (m)	ကျား	kja:
Löwe (m)	ခြင်္သေ့	chin dhei,
Wolf (m)	ဝံပုလွေ	wun bu. lwei
Fuchs (m)	မြေခွေး	mjei gwei:
Jaguar (m)	ဂျာဂွာကျားသစ်မျိုး	gja gwa gja: dhi' mjou:
Leopard (m)	ကျားသစ်	kja: dhi'
Gepard (m)	သစ်ကျွတ်	thi' kjou'
Panther (m)	ကျားသစ်နက်	kja: dhi' ne'
Puma (m)	ပြူးမားတောင်ခြင်္သေ့	pju. ma: daun gjin dhei.
Schneeleopard (m)	ရေခဲတောင်ကျားသစ်	jei ge: daun gja: dhi'
Luchs (m)	လင့်ကြောင်းမြီးတို	lin. gjaun mji: dou
Kojote (m)	ဝံပုလွေငယ်တစ်မျိုး	wun bu. lwei nge di' mjou:
Schakal (m)	ခွေးအ	khwei: a.
Hyäne (f)	ဟိုင်းအီးနား	hain i: na:

Tier (n)	တိရ္ဆာန်	tharei' hsan
Bestie (f)	ခြေလေးချောင်းသတ္တဝါ	chei lei: gjaun: dhadawa
Eichhörnchen (n)	ရှဉ့်	shin.
Igel (m)	ဖြူကောင်	hpju gaun
Hase (m)	တောယုန်ကြီး	to: joun gji:
Kaninchen (n)	ယုန်	joun
Dachs (m)	ခွေးတူဝက်တူကောင်	khwei: du we' tu gaun
Waschbär (m)	ရက်ကွန်းဝံ	je' kwan: wan
Hamster (m)	မြီးတိုပါးတွဲကြွက်	mji: dou ba: dwe: gjwe'
Murmeltier (n)	မားမိုတ်ကောင်	ma: mou. t gaun
Maulwurf (m)	ပွေး	pwei:
Maus (f)	ကြွက်	kjwe'
Ratte (f)	မြေကြွက်	mjei gjwe'
Fledermaus (f)	လင်းနို.	lin: nou.
Hermelin (n)	အားမင်ကောင်	a: min gaun
Zobel (m)	ဆောဘယ်	hsei be
Marder (m)	အသားစားအကောင်ငယ်	atha: za: akaun nge
Wiesel (n)	သားစားဖျံ	tha: za: bjan
Nerz (m)	မင့်ခမြွေပါ	min kh mjwei ba

Biber (m)	ဖျံကြီးတစ်မျိုး	hpjan gji: da' mjou:
Fischotter (m)	ဖျံ	hpjan
Pferd (n)	မြင်း	mjin:
Elch (m)	ဦးချိုပြားသော သမင်ကြီး	u: gjou bja: dho: thamin gji:
Hirsch (m)	သမင်	thamin
Kamel (n)	ကုလားအုတ်	kala: ou'
Bison (m)	အမေရိကန်ပြောင်	amei ji kan pjaun
Wisent (m)	အောရက်စ်	o: re' s
Büffel (m)	ကျွဲ	kjwe:
Zebra (n)	မြင်းကျား	mjin: gja:
Antilope (f)	အပြေးမြန်သော တောဆိတ်	apjei: mjan de. hto: zei'
Reh (n)	ဒရယ်ငယ်တစ်မျိုး	da. je nge da' mjou:
Damhirsch (m)	ဒရယ်	da. je
Gämse (f)	တောင်ဆိတ်	taun zei'
Wildschwein (n)	တောဝက်ထီး	to: we' hti:
Wal (m)	ဝေလငါး	wei la. nga:
Seehund (m)	ပင်လယ်ဖျံ	pin le bjan
Walroß (n)	ဝေါရစ်ဖျံ	wo: ra's hpjan
Seebär (m)	အမွေးပါသောပင် လယ်ဖျံ	amwei: pa dho: bin le hpjan
Delfin (m)	လင်းပိုင်	lin: bain
Bär (m)	ဝက်ဝံ	we' wun
Eisbär (m)	ဝိုလာဝက်ဝံ	pou la we' wan
Panda (m)	ပန်ဒါဝက်ဝံ	pan da we' wan
Affe (m)	မျောက်	mjau'
Schimpanse (m)	ချင်ပင်ဇီမျောက်ဝံ	chin pin zi mjau' wan
Orang-Utan (m)	အော်ရန်အူတန်လှဝံ	o ran u tan lu wun
Gorilla (m)	ဂေါရီလာမျောက်ဝံ	go ji la mjau' wun
Makak (m)	မကာကွေမျောက်	ma ga gwei mjau'
Gibbon (m)	မျောက်လွှဲကျော်	mjau' hlwe: gjo
Elefant (m)	ဆင်	hsin
Nashorn (n)	ကြံ့	kjan.
Giraffe (f)	သစ်ကုလားအုတ်	thi' ku. la ou'
Flusspferd (n)	ရေမြင်း	jei mjin:
Känguru (n)	သားပိုက်ကောင်	tha: bai' kaun
Koala (m)	ကိုအာလာဝက်ဝံ	kou a la we' wun
Manguste (f)	မွေပါ	mwei ba
Chinchilla (n)	ချင်းချီလာ	chin: chi la
Stinktier (n)	ဝက္ကန့်ခံဖျံ	sakan. kh hpjan
Stachelschwein (n)	ဖြူ	hpju

89. Haustiere

Katze (f)	ကြောင်	kjaun
Kater (m)	ကြောင်ထီး	kjaun di:
Hund (m)	ခွေး	khwei:

Pferd (n)	မြင်း	mjin:
Hengst (m)	မြင်းထီး	mjin: di:
Stute (f)	မြင်းမ	mjin: ma.

Kuh (f)	နွား	nwa:
Stier (m)	နွားထီး	nwa: di:
Ochse (m)	နွားထီး	nwa: di:

Schaf (n)	သိုး	thou:
Widder (m)	သိုးထီး	thou: hti:
Ziege (f)	ဆိတ်	hsei'
Ziegenbock (m)	ဆိတ်ထီး	hsei' hti:

| Esel (m) | မြည်း | mji: |
| Maultier (n) | လား | la: |

Schwein (n)	ဝက်	we'
Ferkel (n)	ဝက်ကလေး	we' ka lei:
Kaninchen (n)	ယုန်	joun

| Huhn (n) | ကြက် | kje' |
| Hahn (m) | ကြက်ဖ | kje' pha. |

Ente (f)	ဘဲ	be:
Enterich (m)	ဘဲထီး	be: di:
Gans (f)	ဘဲငန်း	be: ngan:

| Puter (m) | ကြက်ဆင် | kje' hsin |
| Pute (f) | ကြက်ဆင် | kje' hsin |

Haustiere (pl)	အိမ်မွေးတိရစ္ဆာန်များ	ein mwei: ti. ji. swan mja:
zahm	ယဉ်ပါးသော	jin ba: de.
zähmen (vt)	ယဉ်ပါးစေသည်	jin ba: zei de
züchten (vt)	သားပေါက်သည်	tha: bau' te

Farm (f)	စိုက်ပျိုးမွေးမြူရေးခြံ	sai' pjou: mwei: mju jei: gjan
Geflügel (n)	ကြက်ဂွက်တိရစ္ဆာန်	kje' ti ji za hsan
Vieh (n)	ကျွဲနွားတိရစ္ဆာန်	kjwe: nwa: tarei. zan
Herde (f)	အုပ်	ou'

Pferdestall (m)	မြင်းဇောင်း	mjin: zaun:
Schweinestall (m)	ဝက်ခြံ	we' khan
Kuhstall (m)	နွားတင်းကုပ်	nwa: din: gou'
Kaninchenstall (m)	ယုန်အိမ်	joun ein
Hühnerstall (m)	ကြက်လှောင်အိမ်	kje' hlaun ein

90. Vögel

Vogel (m)	ငှက်	hnge'
Taube (f)	ချို	khou
Spatz (m)	စာကလေး	sa ga. lei:
Meise (f)	စာဝတီးငှက်	sa wadi: hnge'
Elster (f)	ငှက်ကျား	hnge' kja:
Rabe (m)	ကျီးနက်	kji: ne'

Krähe (f)	ကျီးကန်း	kji: kan:
Dohle (f)	ဥရောပကျီးတစ်မျိုး	u. jo: pa gji: di' mjou:
Saatkrähe (f)	ကျီးအ	kji: a.
Ente (f)	ဘဲ	be:
Gans (f)	ဘဲငန်း	be: ngan:
Fasan (m)	ရစ်ငှက်	ji' hnge'
Adler (m)	လင်းယုန်	lin: joun
Habicht (m)	သိမ်းငှက်	thain: hnge'
Falke (m)	အမဲလိုက်သိမ်းငှက်တစ်မျိုး	ame: lai' thein: hnge' ti' mjou:
Greif (m)	လင်းတ	lin: da.
Kondor (m)	တောင်အမေရိကလင်းတ	taun amei ri. ka. lin: da.
Schwan (m)	ငန်း	ngan:
Kranich (m)	ငှက်ကုလား	hnge' ku. la:
Storch (m)	ရှည်ခင်စွပ်ငှက်	che gin zu' hnge'
Papagei (m)	ကြက်တူရွေး	kje' tu jwei:
Kolibri (m)	ငှက်ပိတုန်း	hnge' pi. doun:
Pfau (m)	ဥဒေါင်း	u. daun:
Strauß (m)	ငှက်ကုလားအုတ်	hnge' ku. la: ou'
Reiher (m)	ဗျာင်ငှက်	nga hi' hnge'
Flamingo (m)	ကြိုးကြားနီ	kjou: kja: ni
Pelikan (m)	ငှက်ကြီးဝမ်းဗို	hnge' kji: wun bou
Nachtigall (f)	တေးဆိုငှက်	tei: hsou hnge'
Schwalbe (f)	ပျံလွှား	pjan hlwa:
Drossel (f)	မြေလူးငှက်	mjei lu: hnge'
Singdrossel (f)	တေးဆိုမြေလူးငှက်	tei: hsou mjei lu: hnge'
Amsel (f)	ငှက်မည်း	hnge' mji:
Segler (m)	ပျံလွှားတစ်မျိုး	pjan hlwa: di' mjou:
Lerche (f)	ဘီလုံးငှက်	bi loun: hnge'
Wachtel (f)	ငုံး	ngoun:
Specht (m)	သစ်တောက်ငှက်	thi' tau' hnge'
Kuckuck (m)	ဥသြငှက်	udhja hnge'
Eule (f)	ဇီးကွက်	zi: gwe
Uhu (m)	သိမ်းငှက်အနွယ်ဝင်ဇီးကွက်	thain: hnge' anwe win zi: gwe'
Auerhahn (m)	ရစ်	ji'
Birkhahn (m)	ရစ်နက်	ji' ne'
Rebhuhn (n)	ခါ	kha
Star (m)	ကျွဲဆတ်ရက်	kjwe: hse' je'
Kanarienvogel (m)	စာဝါငှက်	sa wa hnge'
Haselhuhn (n)	ရစ်ညို	ji' njou
Buchfink (m)	စာကျွေခေါင်း	sa gjwe: gaun:
Gimpel (m)	စာကျွေခေါင်းငှက်	sa gjwe: gaun: hngwe'
Möwe (f)	စင်ရော်	sin jo
Albatros (m)	ပင်လယ်စင်ရော်ကြီး	pin le zin jo gji:
Pinguin (m)	ပင်ဂွင်း	pin gwin:

91. Fische. Meerestiere

Brachse (f)	ငါးကြင်းတစ်မျိုး	nga: gjin: di' mjou
Karpfen (m)	ငါးကြင်း	nga gjin:
Barsch (m)	ငါးပြေမတစ်မျိုး	nga: bjei ma. di' mjou:
Wels (m)	ငါးခု	nga: gu
Hecht (m)	ပိုက်ငါး	pai' nga

Lachs (m)	ဆော်လမွန်ငါး	hso: la. mun nga:
Stör (m)	စတာဂျင်ငါးကြီးမျိုး	sata gjin nga: gji: mjou:

Hering (m)	ငါးသလောက်	nga: dha. lau'
atlantische Lachs (m)	ဆော်လမွန်ငါး	hso: la. mun nga:
Makrele (f)	မက်ကရယ်ငါး	me' ka. je nga:
Scholle (f)	ဦးရောပု ငါးခွေး လျှာတစ်မျိုး	u. jo: pa nga: gwe: sha di' mjou:

Zander (m)	ငါးပြေမအွန္နယ် ဝင်ငါးတစ်မျိုး	nga: bjei ma. anwe win nga: di' mjou:
Dorsch (m)	ငါးကြီးစီထုတ်သောငါး	nga: gji: zi dou' de. nga:
Tunfisch (m)	တူနာငါး	tu na nga:
Forelle (f)	ထရောက်ငါး	hta. jau' nga:

Aal (m)	ငါးရှည်	nga: shin.
Zitterrochen (m)	ငါးလက်ထုံ	nga: le' htoun
Muräne (f)	ငါးရှည်ကြီးတစ်မျိုး	nga: shin. gji: da' mjou:
Piranha (m)	အသားစားငါးငယ်တစ်မျိုး	atha: za: nga: nge ti' mjou:

Hai (m)	ငါးမန်း	nga: man:
Delfin (m)	လင်းပိုင်	lin: bain
Wal (m)	ဝေလငါး	wei la. nga:

Krabbe (f)	ကဏန်း	kanan:
Meduse (f)	ငါးဖန်ခွက်	nga: hpan gwe'
Krake (m)	ရေဘဝဲ	jei ba. we:

Seestern (m)	ကြယ်ငါး	kje nga:
Seeigel (m)	သိပြုပို	than ba. gjou'
Seepferdchen (n)	ရေနဂါး	jei naga:

Auster (f)	ကမာကောင်	kama kaun
Garnele (f)	ပုစွန်	bazun
Hummer (m)	ကျောက်ပုစွန်	kjau' pu. zun
Languste (f)	ကျောက်ပုစွန်	kjau' pu. zun

92. Amphibien Reptilien

Schlange (f)	မြွေ	mwei
Gift-, giftig	အဆိပ်ရှိသော	ahsei' shi. de.

Viper (f)	မြွေပွေး	mwei bwei:
Kobra (f)	မြွေဟောက်	mwei hau'
Python (m)	စပါးအုံးမြွေ	saba: oun: mwei

Boa (f)	ဝေါင်းကြီးမြွေ	saba: gji: mwei
Ringelnatter (f)	မြက်လျာမြွေ	mje' sho: mwei
Klapperschlange (f)	ခေါင်းလောက်ဆွဲမြွေ	kha. lau' hswe: mwei
Anakonda (f)	အနာကွန်ဒါမြွေ	ana kun da mwei

Eidechse (f)	တွားသွားသတ္တဝါ	twa: dhwa: tha' tawa
Leguan (m)	ဖွတ်	hpu'
Waran (m)	ပုတ်သင်	pou' thin
Salamander (m)	ရေပုတ်သင်	jei bou' thin
Chamäleon (n)	ပုတ်သင်ညို	pou' thin njou
Skorpion (m)	ကင်းမြီးကောက်	kin: mji: kau'

Schildkröte (f)	လိပ်	lei'
Frosch (m)	ဖား	hpa:
Kröte (f)	ဖားပြုပ်	hpa: bju'
Krokodil (n)	မိကျောင်း	mi. kjaun:

93. Insekten

Insekt (n)	ပိုးမွာ:	pou: hmwa:
Schmetterling (m)	လိပ်ပြာ	lei' pja
Ameise (f)	ပုရွက်ဆိတ်	pu. jwe' hsei'
Fliege (f)	ယင်ကောင်	jin gaun
Mücke (f)	ခြင်	chin
Käfer (m)	ပိုးတောင်မာ	pou: daun ma

Wespe (f)	နကျယ်ကောင်	na. gje gaun
Biene (f)	ပျား	pja:
Hummel (f)	ပိတုန်း	pi. doun:
Bremse (f)	မှက်	hme'

| Spinne (f) | ပင့်ကူ | pjin. gu |
| Spinnennetz (n) | ပင့်ကူအိမ် | pjin gu ein |

Libelle (f)	ပုစဉ်း	bazin
Grashüpfer (m)	နံကောင်	hnan gaun
Schmetterling (m)	ပိုးဝလံ	pou: ba. lan

Schabe (f)	ပိုးဟပ်	pou: ha'
Zecke (f)	မွား	hmwa:
Floh (m)	သန်း	than:
Kriebelmücke (f)	မှက်အသေးစား	hme' athei: za:

Heuschrecke (f)	ကျိုင်းကောင်	kjain: kaun
Schnecke (f)	ခရု	khaju.
Heimchen (n)	ပုရစ်	paji'
Leuchtkäfer (m)	ပိုးစုန်းကြူး	pou: zoun: gju:
Marienkäfer (m)	လေးဒသာလ်ပိုးတောင်မာ	lei di ba' pou: daun ma
Maikäfer (m)	အုန်းပိုး	oun: bou:

Blutegel (m)	မျှော့	hmjo.
Raupe (f)	ပေါက်ဖတ်	pau' hpe'
Wurm (m)	တီကောင်	ti gaun
Larve (f)	ပိုးထုံးလုံး	pou: doun: loun:

FLORA

Baum (m)	သစ်ပင်	thi' pin
Laub-	ရွက်ပြတ်	jwe' pja'
Nadel-immergrün	ထင်းရှူးပင်နှင့်ဆိုင်သော အမဲးရင်းပင်	htin: shu: bin hnin, zain de. e ba: ga rin: bin

Apfelbaum (m)	ပန်းသီးပင်	pan: dhi: bin
Birnbaum (m)	သစ်တော်ပင်	thi' to bin
Kirschbaum (m)	ချယ်ရီသီးပင်	che ji dhi: bin
Süßkirschbaum (m)	ချယ်ရီသီးအချိုပင်	che ji dhi: akjou bin
Sauerkirschbaum (m)	ချယ်ရီသီးအချဉ်ပင်	che ji dhi: akjin bin
Pflaumenbaum (m)	ဆီးပင်	hsi: bin

Birke (f)	ဘုဇဝတ်ပင်	bu. za. ba' pin
Eiche (f)	ဝက်သစ်ချပင်	we' thi' cha. bin
Linde (f)	လင်ဒန်ပင်	lin dan pin

| Espe (f) | ပေါ်ပလာပင်တစ်မျိုး | po. pa. la bin di' mjou: |
| Ahorn (m) | မေပယ်ပင် | mei pe bin |

Fichte (f)	ထင်းရှူးပင်တစ်မျိုး	htin: shu: bin ti' mjou:
Kiefer (f)	ထင်းရှူးပင်	htin: shu: bin
Lärche (f)	ကတော့ပုံထင်းရှူးပင်	ka dau. boun din: shu: pin

| Tanne (f) | ထင်းရှူးပင်တစ်မျိုး | htin: shu: bin ti' mjou: |
| Zeder (f) | သစ်ကတိုးပင် | thi' gadou: bin |

| Pappel (f) | ပေါ်ပလာပင် | po. pa. la bin |
| Vogelbeerbaum (m) | ရာအန်ပင် | ra an bin |

| Weide (f) | မိုးမခပင် | mou: ma. ga. bin |
| Erle (f) | အိုလ်ဒါပင် | oun da bin |

| Buche (f) | ယင်းသစ် | jin: dhi' |
| Ulme (f) | အမ်ပင် | an bin |

| Esche (f) | အက်ရှ်အပင် | e' sh apin |
| Kastanie (f) | သစ်အယ်ပင် | thi' e |

Magnolie (f)	တတိုင်းမွှေးပင်	ta tain: hmwei: bin
Palme (f)	ထန်းပင်	htan: bin
Zypresse (f)	စိုက်ပရက်စ်ပင်	sai' pa. je's pin

Mangrovenbaum (m)	လမုပင်	la. mu. bin
Baobab (m)	ကန္တာရပေါက်ပင်တစ်မျိုး	kan ta ja. bau' bin di' chju:
Eukalyptus (m)	ယူကလစ်ပင်	ju kali' pin
Mammutbaum (m)	ဆီကွိုလာပင်	hsi gwou la pin

95. Büsche

Strauch (m)	ချုံပုတ်	choun bou'
Gebüsch (n)	ချုံ	choun
Weinstock (m)	စပျစ်	zabji'
Weinberg (m)	စပျစ်ခြံ	zabji' chan
Himbeerstrauch (m)	ရက်စဘယ်ရီ	re' sa be ji
schwarze Johannisbeere (f)	ဘလက်ကားရန့်	ba. le' ka: jan.
rote Johannisbeere (f)	အနီရောင်ဘယ်ရီသီး	ani jaun be ji dhi:
Stachelbeerstrauch (m)	ကုလားဆီးဖြူပင်	kala: zi: hpju pin
Akazie (f)	အကေရှားပင်	akei sha: bin:
Berberitze (f)	ဘားဘယ်ရိပင်	ba: be' ji bin
Jasmin (m)	စံပယ်ပင်	san be bin
Wacholder (m)	ဂျုနီပါပင်	gju ni ba bin
Rosenstrauch (m)	နှင်းဆီရှုံ	hnin: zi gjun
Heckenrose (f)	တောရိုင်းနှင်းဆီပင်	to: ein: hnin: zi bin

96. Obst. Beeren

Frucht (f)	အသီး	athi:
Früchte (pl)	အသီးများ	athi: mja:
Apfel (m)	ပန်းသီး	pan: dhi:
Birne (f)	သစ်တော်သီး	thi' to dhi:
Pflaume (f)	ဆီးသီး	hsi: dhi:
Erdbeere (f)	စတော်ဘယ်ရီသီး	sato be ri dhi:
Kirsche (f)	ချယ်ရီသီး	che ji dhi:
Sauerkirsche (f)	ချယ်ရီချဉ်သီး	che ji gjin dhi:
Süßkirsche (f)	ချယ်ရီချိုသီး	che ji gjou dhi:
Weintrauben (pl)	စပျစ်သီး	zabji' thi:
Himbeere (f)	ရက်စဘယ်ရီ	re' sa be ji
schwarze Johannisbeere (f)	ဘလက်ကားရန့်	ba. le' ka: jan.
rote Johannisbeere (f)	အနီရောင်ဘယ်ရီသီး	ani jaun be ji dhi:
Stachelbeere (f)	ကုလားဆီးဖြူ	ka. la: his: hpju
Moosbeere (f)	ကရမ်ဘယ်ရီ	ka. jan be ji
Apfelsine (f)	လိမ္မော်သီး	limmo dhi:
Mandarine (f)	ပျားလိမ္မော်သီး	pja: lein mo dhi:
Ananas (f)	နာနတ်သီး	na na' dhi:
Banane (f)	ငှက်ပျောသီး	hnge' pjo: dhi:
Dattel (f)	စွန်ပလွံသီး	sun palun dhi:
Zitrone (f)	သံပုရိုသီး	than bu. jou dhi:
Aprikose (f)	တရုတ်ဆီးသီး	jau' hsi: dhi:
Pfirsich (m)	မက်မွန်သီး	me' mwan dhi:
Kiwi (f)	ကီဝီသီး	ki wi dhi
Grapefruit (f)	ဂရိတ်ဖရုသီး	ga. ri' hpa. ju dhi:

Beere (f)	ဘယ်ရီသီး	be ji dhi:
Beeren (pl)	ဘယ်ရီသီးများ	be ji dhi: mja:
Preiselbeere (f)	အနီရောင်ဘယ်ရီသီးတစ်မျိုး	ani jaun be ji dhi: di: mjou:
Walderdbeere (f)	စတော်ဘယ်ရီရိုင်း	sato be ri jain:
Heidelbeere (f)	ဘီလ်ဘယ်ရီအသီး	bi' l be ji athi:

97. Blumen. Pflanzen

Blume (f)	ပန်း	pan:
Blumenstrauß (m)	ပန်းစည်း	pan: ze:
Rose (f)	နှင်းဆီပန်း	hnin: zi ban:
Tulpe (f)	ကျူးလစ်ပန်း	kju: li' pan:
Nelke (f)	ဇော်မွှားပန်း	zo hmwa: bin:
Gladiole (f)	သစ္စာပန်း	thi' sa ban:
Kornblume (f)	အပြာရောင်တောပန်းတစ်မျိုး	apja jaun dho ban: da' mjou:
Glockenblume (f)	ခေါင်းရန်းအပြာပန်း	gaun: jan: apja ban:
Löwenzahn (m)	တောပန်းအဝါတစ်မျိုး	to: ban: awa ti' mjou:
Kamille (f)	မေ့မြို့ပန်း	mei. mjou. ban:
Aloe (f)	ရှားစောင်းလက်ပတ်ပင်	sha: zaun: le' pa' pin
Kaktus (m)	ရှားစောင်းပင်	sha: zaun: bin
Gummibaum (m)	ရော်ဘာပင်	jo ba bin
Lilie (f)	နှင်းပန်း	hnin: ban:
Geranie (f)	ကြွေပန်းတစ်မျိုး	kjwei ban: da' mjou:
Hyazinthe (f)	ဗေဒါပန်း	bei da ba:
Mimose (f)	ထိကရုံးကြီးပင်	hti. ga. joun: gji: bin
Narzisse (f)	နားစီဆက်စ်ပင်	na: zi ze's pin
Kapuzinerkresse (f)	တောင်ကြာကလေး	taun gja galei:
Orchidee (f)	သစ်ခွပင်	thi' khwa. bin
Pfingstrose (f)	စန္ဒပန်း	san dapan:
Veilchen (n)	ပိုင်းအိုးလက်	bain: ou le'
Stiefmütterchen (n)	ပေါင်ဒါပန်း	paun da ban:
Vergissmeinnicht (n)	ခင်မမေ့ပန်း	khin ma. mei. pan:
Gänseblümchen (n)	ဒေစီပန်း	dei zi bin
Mohn (m)	ဘိန်းပင်	bin: bin
Hanf (m)	ဆေးခြောက်ပင်	hsei: chau' pin
Minze (f)	ပူစီနံ	pu zi nan
Maiglöckchen (n)	နှင်းပန်းတစ်မျိုး	hnin: ban: di' mjou:
Schneeglöckchen (n)	နှင်းခေါင်းလောင်းပန်း	hnin: gaun: laun: ban:
Brennnessel (f)	ဖက်ယားပင်	hpe' ja: bin
Sauerampfer (m)	မှော်ချဉ်ပင်	hmjo gji bin
Seerose (f)	ကြာ	kja
Farn (m)	ဖန်းပင်	hpan: bin
Flechte (f)	သစ်ကပ်မှော်	thi' ka' hmo
Gewächshaus (n)	ဖန်လုံအိမ်	hpan ain

Rasen (m)	မြက်ခင်း	mje' khin:
Blumenbeet (n)	ပန်းစိုက်ခင်း	pan: zai' khan:
Pflanze (f)	အပင်	apin
Gras (n)	မြက်	mje'
Grashalm (m)	ရွက်ရှုန်း	jwe' chun:
Blatt (n)	အရွက်	ajwa'
Blütenblatt (n)	ပွင့်ချပ်	pwin: gja'
Stiel (m)	ပင်စည်	pin ze
Knolle (f)	ဥမြစ်	u. mi'
Jungpflanze (f)	အစို့အညွှာက်	asou./a hnjau'
Dorn (m)	ဆူး	hsu:
blühen (vi)	ပွင့်သည်	pwin: de
welken (vi)	ညှိုးနွမ်းသည်	hnjou: nun: de
Geruch (m)	အနံ့	anan.
abschneiden (vt)	ရိတ်သည်	jei' te
pflücken (vt)	ခူးသည်	khu: de

98. Getreide, Körner

Getreide (n)	နံစားပင်တို့ ၏ အစေ့အဆံ	hnan za: bin dou. i. asei. ahsan
Getreidepflanzen (pl)	ကောက်ပဲသီးနှံ	kau' pe: dhi: nan
Ähre (f)	အနှံ	ahnan
Weizen (m)	ဂျုံ	gja. mei: ka:
Roggen (m)	ဂျုံရိုင်း	gjoun jain:
Hafer (m)	မြင်းစားဂျုံ	mjin: za: gjoun
Hirse (f)	ကောက်ပဲသီးနှံပင်	kau' pe: dhi: nan bin
Gerste (f)	မုယောစပါး	mu. jo za. ba:
Mais (m)	ပြောင်းဖူး	pjaun: bu:
Reis (m)	ဆန်စပါး	hsan zaba
Buchweizen (m)	ပန်းဂျုံ	pan: gjun
Erbse (f)	ပဲစေ့	pe: zei.
weiße Bohne (f)	ပဲလုံးစားပဲ	bou za: be:
Sojabohne (f)	ပဲပုပ်ပဲ	pe: bou' pe
Linse (f)	ပဲနီကလေး	pe: ni ga. lei:
Bohnen (pl)	ပဲအမျိုးမျိုး	pe: amjou: mjou:

LÄNDER DER WELT

99. Länder. Teil 1

Afghanistan	အာဖဂန်နစ္စတန်	apha. gan na' tan
Ägypten	အီဂျစ်	igji'
Albanien	အယ်လ်ဘေးနီးယား	e l bei: ni: ja:
Argentinien	အာဂျင်တီးနား	agin ti: na:
Armenien	အာမေးနီးယား	a me: ni: ja:
Aserbaidschan	အာဇာဘိုင်ဂျန်း	a za bain gjin:
Australien	ဩစတြေးလျ	thja za djei: lja
Bangladesch	ဘင်္ဂလားဒေ့ရှ်	bang la: dei. sh
Belgien	ဘယ်လ်ဂျီယံ	be l gji jan
Bolivien	ဘိုလစ်ဗီးယား	bou la' bi: ja:
Bosnien und Herzegowina	ဘော့စ်နီးယားနှင့်ဟာ ဇီဂိုဗီနာ	bo'. ni: ja: hnin. ha zi gou bi na
Brasilien	ဘရာဇီလ်	ba. ra zi'l
Bulgarien	ဘူလ်ဂေးရီးယား	bou gei: ji: ja
Chile	ချီလီ	chi li
China	တရုတ်	tajou'
Dänemark	ဒိန်းမတ်	dein: ma'
Deutschland	ဂျာမန်	gja man
Die Bahamas	ဘာဟာမက်	ba ha me'
Die Vereinigten Staaten	အမေရိကန် ပြည်ထောင်စု	amei ji kan pji htaun zu
Dominikanische Republik	ဒိုမီနီကန်	dou mi ni kan
Ecuador	အီကွေဒေါ	i kwei: do:
England	အင်္ဂလန်	angga. lan
Estland	အက်စ်တိုးနီးယား	e's to' ni: ja:
Finnland	ဖင်လန်	hpin lan
Frankreich	ပြင်သစ်	pjin dhi'
Französisch-Polynesien	ပြင်သစ် ပေါ်လီနီးရှား	pjin dhi' po li: ni: sha:
Georgien	ဂျော်ဂျီယာ	gjo gji ja
Ghana	ဂါနာ	ga na
Griechenland	ဂရိ	ga. ri.
Großbritannien	အင်္ဂလန်	angga. lan
Haiti	ဟိုင်တီ	hain ti
Indien	အိန္ဒိယ	indi. ja
Indonesien	အင်ဒိုနီးရှား	in do ni: sha:
Irak	အီရတ်	ira'
Iran	အီရန်	iran
Irland	အိုင်ယာလန်	ain ja lan
Island	အိုက်စလန်း	ai' sa lan:
Israel	အစ္စရေး	a' sa. jei:
Italien	အီတလီ	ita. li

100. Länder. Teil 2

Jamaika	ဂျမေးကား	g'me:kaa:
Japan	ဂျပန်	gja pan
Jordanien	ဂျော်ဒန်	gjo dan
Kambodscha	ကမ္ဘောဒီးယား	ga khan ba di: ja:
Kanada	ကနေဒါနိုင်ငံ	ka. nei da nain gan
Kasachstan	ကာဇက်စတန်	ka ze' satan
Kenia	ကင်ညာ	kin nja
Kirgisien	ကစ်ဂျီကစ္စတန်	ki' ji ki' za. tan
Kolumbien	ကိုလမ်းဘီးယား	kou lan: bi: ja:
Kroatien	ခရိုအေးရှား	kha. jou ei: sha:
Kuba	ကျူးဘား	kju: ba:
Kuwait	ကူဝိတ်	ku wi'
Laos	လာအို	la ou
Lettland	လတ်ဗီယန်	la' bi jan
Libanon (m)	လက်ဘနွန်	le' ba. nun
Libyen	လီဗီယာ	li bi ja
Liechtenstein	ဗာတီကန်လူမျိုး	ba di gan dhu mjo:
Litauen	လစ်သူနီယံ	li' thu ni jan
Luxemburg	လျူဆန်ဘော့	lju hsan bo.
Madagaskar	မာဒက်ကာစကာ	ma de' ka za ga
Makedonien	မက်ဆီဒိုးနီးယား	me' hsi: dou: ni: ja:
Malaysia	မလေးရှား	ma. lei: sha:
Malta	မာတာ	ma ta
Marokko	မော်ရိုကို	mo jou gou
Mexiko	မက္ကစီကိုနိုင်ငံ	me' ka. hsi kou nain ngan
Moldawien	မိုဒိုရာ	mou dou ja
Monaco	မိုနာကို	mou na kou
Mongolei (f)	မွန်ဂိုလီးယား	mun gou li: ja:
Montenegro	မွန်တန်နီဂရို	mun dan ni ga. jou
Myanmar	မြန်မာ	mjan ma
Namibia	နမ်မီးဘီးယား	nami: bi: ja:
Nepal	နီပေါ	ni po:
Neuseeland	နယူးဇီလန်	na. ju: zi lan
Niederlande (f)	နယ်သာလန်	ne dha lan
Nordkorea	မြောက်ကိုရီးယား	mjau' kou ji: ja:
Norwegen	နော်ဝေး	no wei:
Österreich	ဩစတြီးယား	o. sa. tji: ja:

101. Länder. Teil 3

Pakistan	ပါကစ္စတန်	pa ki' sa. tan
Palästina	ပါလက်စတိုင်း	pa le' sa tain:
Panama	ပနားမား	pa. na: ma:
Paraguay	ပါရာဂွေး	pa ja gwei:
Peru	ပီရူး	pi ju:
Polen	ပိုလန်	pou lan
Portugal	ပေါ်တူဂီ	po tu gi

Republik Südafrika	တောင်အာဖရိက	taun a hpa. ji. ka.
Rumänien	ရူမေးနီးယား	ru mei: ni: ja:
Russland	ရုရှား	ru. sha:
Sansibar	ဇန်ဇီဘာ	zan zi ba
Saudi-Arabien	ဆော်ဒီအာရေ့ဗီးယား	hso: di a jei. bi: ja:
Schottland	စကော့တလန်	sa. ko: talan
Schweden	ဆွီဒင်	hswi din
Schweiz (f)	ဆွစ်ဇာလန်	hswa' za lan
Senegal	ဆယ်နီဂေါ်	hse ni go
Serbien	ဆယ်ဗီယံ	hse bi jan.
Slowakei (f)	ဆလိုဗာကီယာ	hsa. lou ba ki ja
Slowenien	ဆလိုဗီနီးယား	hsa. lou bi ni: ja:
Spanien	စပိန်	sapein
Südkorea	တောင်ကိုရီးယား	taun kou ri: ja:
Suriname	ဆူရီနမ်း	hsu. ji nei:
Syrien	ဆီးရီးယား	hsi: ji: ja:
Tadschikistan	တာဂျစ်ကစ္စတန်	ta gji' ki' sa. tan
Taiwan	ထိုင်ဝမ်	htain wan
Tansania	တန်ဇားနီးယား	tan za: ni: ja:
Tasmanien	တာ့စ်မေးနီးယား	ta. s mei: ni: ja:
Thailand	ထိုင်း	htain:
Tschechien	ချက်	che'
Tunesien	တူနစ်ရှား	tu ni' sha:
Türkei (f)	တူရကီ	tu ra. ki
Turkmenistan	တပ်မင်နစ္စတန်	ta' min ni' sa. tan
Ukraine (f)	ယူကရိန်း	ju ka. jein:
Ungarn	ဟန်ဂေရီ	han gei ji
Uruguay	အုရူဂွေး	ou. ju gwei:
Usbekistan	ဥဇဘက်ကစ္စတန်	u. za. be' ki' sa. tan
Vatikan (m)	ဗာတီကန်	ba di gan
Venezuela	ဗယ်နီဇွဲလား	be ni zwe: la:
Vereinigten Arabischen Emirate	အာရပ်နိုင်ငံများ	a ra' nain ngan mja:
Vietnam	ဗီယက်နမ်	bi je' nan
Weißrussland	ဘီလာရုစ်	bi la ju'
Zypern	ဆူးပရက်စ်	hsu: pa. je' s te.

www.ingramcontent.com/pod-product-compliance
Lightning Source LLC
Chambersburg PA
CBHW070834050426
42452CB00011B/2268